本书系2020年国家社科基金一般项目“马克思主义法治思想中国化的发展历程与基本经验研究”（20BKS019）的阶段性研究成果

天津基层宣传工作研究

（1949—1956）

师　林◎著

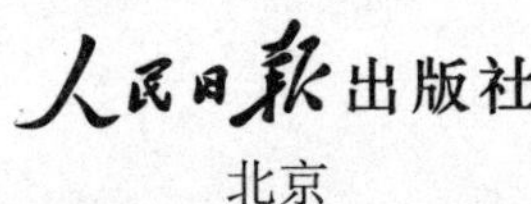

北京

图书在版编目（CIP）数据

天津基层宣传工作研究．1949—1956／师林著．—
北京：人民日报出版社，2022．12
ISBN 978－7－5115－7641－5

Ⅰ．①天… Ⅱ．①师… Ⅲ．①宣传工作—研究—天津
—1949—1956 Ⅳ．①D64

中国版本图书馆 CIP 数据核字（2022）第 257220 号

书　　名：天津基层宣传工作研究．1949—1956
TIANJIN JICENG XUANCHUAN GONGZUO YANJIU．1949—1956
著　　者：师　林

出 版 人：刘华新
责任编辑：周海燕　马苏娜
封面设计：中联华文

出版发行：人民日报出版社
社　　址：北京金台西路 2 号
邮政编码：100733
发行热线：（010）65369509　65369846　65363528　65369512
邮购热线：（010）65369530　65363527
编辑热线：（010）65369518
网　　址：www. peopledailypress. com
经　　销：新华书店
印　　刷：三河市华东印刷有限公司
法律顾问：北京科宇律师事务所　（010）83622312

开　　本：710mm×1000mm　1/16
字　　数：158 千字
印　　张：12. 5
版次印次：2023 年 7 月第 1 版　　2023 年 7 月第 1 次印刷

书　　号：ISBN 978－7－5115－7641－5
定　　价：85. 00 元

序

师林的新书《天津基层宣传工作研究（1949—1956）》近日完稿，委托我为其写序。这本专著与其博士论文相比，融入了其毕业几年内的最新研究成果，进行了大量的增删修改，有较强的现实价值。

师林于吉林大学取得哲学硕士学位，有深厚的理论研究基础，毕业后从事高校思想政治教育工作多年，有强烈的教学创新意识。2017年秋，她出现在我授课的课堂听课学习，听了一学期课后，她认识到高质量的教学离不开扎实的科研功底，遂有了考博的想法。2018年秋，她考入天津师范大学马克思主义学院，成为马克思主义中国化专业的一名博士生。在她读博期间，我一直告诫学生对马克思主义中国化的研究要从党史出发，以史为鉴察往知来。在导师组的建议下，师林博士选取了“新中国成立初期天津基层宣传工作”这个选题。

基层宣传这个研究主题从历史上延续到现实，说明其具有可深挖的研究价值和意义。对社会主义运动而言，宣传就是共产主义先驱者们的有效武器；就中国共产党而言，宣传动员是党组织和发动群众进行新民主主义革命、社会主义革命和建设、改革开放和社会主义现代化建设的重要武器。党的二十大报告对新时代党的宣传工作进行了新的战略部署。可以说，充分发挥宣传工作的作用，不仅是中国共产党的优良传统，也是新时代新征程的新任务新要求。了解和总结中国共产党在特殊历史时期宣传工作的特点与经验，对新时代奋力推进中国式现代化建设具有重大的理论、历史和现实意义。在新中国成立初期这一时代背景下，宣传工作承担着稳定民心、激发群众的爱国主义情绪、增强政府的凝聚力等特殊任务。这一时期的天津是北方最大的工业城市，有老解放区，也有新解放区；有城区，也有农村地区。面对复杂的局势，中国共产党有效地利用了各种宣传媒介，通过广泛、密集而有效的宣传工作，最大限度地赢得了民众的认同。本书以新中国成立初期天津基层宣传工作作为研究对象，研究框架合理，研究思路清晰，有着重要的理论价值。党的十八大以来，党中央多次强调要加强和改进宣传思想工作，尤其要注重基层宣传工作。本书回溯历史观照现实，通过对新中国成立初期宣传体制、宣传队伍、宣传目的、宣传方法的研究，以期为新时代中国共产党做好宣传工作提供重要借鉴。

党史研究离不开对历史档案资料的钻研，师林在本书的写作过程中，前往天津市档案馆，花费近一年的时间查阅文献资料，收集了周边各郊县的县志、区志，寻访了编纂天津志的工作人员，整理了大量的一手档案资料。正是在充分钻研档案的基础上，本书才得以成稿。学无止境，相信师林在此阶段性成果出版后，会继续探索，期待不断看到师林的新成果。是为序。

李朝阳

（李朝阳，天津师范大学马克思主义学院副院长，教授、博士生导师。教育部思政课教学指导委员会分委会委员，教育部高校思想政治理论课教学标兵、教学能手，全国高校思想政治理论课教师年度影响力人物，“李朝阳全国思政课名师工作室建设”负责人。）

前　言

中国共产党从诞生之日起，就把宣传工作放在十分突出的位置。基层宣传是连接群众的桥梁，是中国共产党实现基层管理乃至社会管理的重要基石。天津市是中国共产党最早接管的城市之一，也是当时北方最大的工商业城市，中共天津市委在最初执政的7年，通过对广大城乡群众的宣传，强化了党和国家对社会的控制能力，顺利实现了社会稳定，迅速恢复了国民经济，基本完成了社会主义改造。中国共产党在这里的基层宣传工作，为之后接管上海等其他城市积累了丰富的工作经验，打下了全国执政的坚实基础，这给新时代中国共产党在特大型城市做大、做强、做好基层宣传工作，从而推动市域现代化提供了历史借鉴。

本书以1949—1956年天津市的基层宣传工作为研究对象，通过文献研究方法、逻辑与历史相统一方法、比较分析方法等，在吸收和借鉴已有研究成果的基础上，通过整理档案文件、重要报刊、中央文献等资料，对天津市基层宣传与社会管理的理论与实践进行梳理和总结，从而系统认识党的基层宣传工作。本书共分为6部分，除绪论外，其余5部分具体情况如下。

第一章为“天津市基层宣传工作的理论来源与现实背景”。马克思、恩格斯、列宁等的宣传工作思想为中国共产党的基层宣传提供了理论渊源；党在新民主主义革命时期的基层宣传工作，为天津市基层宣传工作提供了丰富经验；1949—1956 年天津市复杂的城市社会结构为这一时期宣传工作的开展提出了新的挑战。

第二章为“天津基层宣传工作内容（1949—1956）”。天津解放后，为了尽快对社会实行有效控制，天津市进行了强有力的基层宣传。这一时期，天津市的宣传工作主要围绕平稳接管展开。政权平稳过渡后，天津市的宣传工作主要围绕恢复政治、经济、文化秩序展开。之后，天津市的宣传工作主要围绕过渡时期总路线的推行而展开。可以说，天津市的基层宣传工作内容始终与所处时期的中心工作紧密结合，天津市通过强大的舆论宣传工作，在短时间内便对社会进行了有效控制。

第三章为“天津基层宣传工作方式（1949—1956）”。1949—1956 年，天津市各级党委面临的中心工作复杂多样，因此天津市开展宣传工作时充分运用了革命时期的宣传工作经验，通过发挥常规宣传方式的优势、探索有效激发群众积极性的宣传路径、发掘天津本土的文艺宣传特色等，多种宣传方式并用，动员起一切宣传力量，使各个时期的宣传思想不断地普及和深入到群众中，取得了较好的效果。

第四章为“天津基层宣传工作保障机制（1949—1956）”。1949—1956 年，天津市宣传工作的重点是将党的政策向广大群众进行宣传。这一时期，天津市通过建立健全宣传机制、打造高素质宣传队伍、重视群众性宣传途径等方式，建立了一整套严密的组织体系及宣传动员机制，为巩固新政权、恢复国民经济、完成过渡时期总路线提供了保障。

第五章为“天津市基层宣传工作的特点、局限与启示”。天津市在 1949—1956 年通过卓有成效的宣传工作，强化了对基层社会的控制能力，提升了基层群众的凝聚力，夯实了社会管理的基石。同时，受历史条件的制约，当时的基层宣传工作存在一定的历史局限性。总结这一时期天津市基层宣传工作的经验和局限，可为新时代通过宣传提升基层治理的效能提供借鉴和启示。

目　录
CONTENTS

绪　论

第一节　选题缘起及研究意义

一、选题缘起

中国共产党的宣传思想工作，从来就是其工作的重要组成部分。党从诞生那天起，就把宣传放在十分突出的位置。党在不同阶段的中心工作虽各有侧重点，但总体流程如下：确定现阶段中心工作目标→制定实现此目标的计划→通过宣传组织群众→领导群众实现目标。从此流程可以看出，宣传是连接党与群众的桥梁，是打通“最后一公里”的关键工作，更是党实现任务目标的重要基石。

新中国成立后，党的宣传工作也面临着新的调整和转变。城市成为中国现代化发展的主要载体。天津市是中国共产党最早接管的城市之一，也是当时北方最大的工商业城市，其郊县也有较大面积的农业区域，是极具代表性的城市。天津市社会结构复杂，城乡均长时间处于国民党的统治之下，民众对党的宣传充满警惕与抗拒，因此 1949—1956 年，天津市的社会管理与基层宣传工作开局复杂，充满探索性与挑战性。然而，天津市的基层宣传工作卓有成效，为之后上海等其他大城市的社会管理与宣传工作积累了丰富的经验，具有重要的研究价值。

前事不忘后事之师。历史是从昨天走过来的，现在是从过去发展起来的。党的十八大以来，党反复强调要加强和改进宣传思想工作，尤其要注重基层宣传工作。习近平总书记指出：宣传思想工作的服务对象在基层，工作主体在基层，任务落实靠基层。他也强调要把宣传工作“创新的重心放在基层一线”①。宣传工作改进与加强的路径之一就是从党的历史上吸取经验教训，“明者因时而变，知者随事而制”。天津市在 1949—1956 年的基层宣传工作，可为新时代中国共产党在特大型城市做大、做强、做好基层宣传工作，从而推动市域现代化发展提供历史借鉴。党一路走来，积累了丰富的宣传工作经验，为党领导全国人民实现社会主义现代化提供了重要借鉴，在今后的实践中要继续发扬基层宣传的优势，总结宣传工作的特色。

二、研究意义

（一）理论意义

第一，有助于拓展宣传研究的理论视域。近些年来，宣传理论开始受到学术界重视。但是从现有的研究成果来看，学术界进行这一研究时，大多将宣传理论置于具体工作的研究范畴，如研究宣传对选举、婚姻法、干部队伍建设等具体工作的推动意义，此类研究并非关注宣传理论本身。本书将党的宣传作为专门的研究对象，聚焦于 1949—1956 年

① 习近平谈治国理政［M］. 北京：外文出版社，2014：155.

天津市的基层宣传工作，在研究中，既可以对宣传工作在城乡工作中的不同侧重点进行对比，也可以将宣传工作置于不同中心任务的背景下进行探讨，研究所覆盖的时间段与事件均具有特殊性。这就更有效地拓展了宣传研究的理论视域。

第二，有助于深化对基层宣传理论规律的认识。中国共产党领导中国人民进行革命、建设和改革的各个历史时期，宣传始终发挥着重要的作用，宣传领域的理论创新一直在向前发展。从这个角度上讲，中国共产党百年的发展史，本身就是其宣传理论的推进史。1949—1956 年的宣传理论既继承了革命时期的理论成果，也为后来宣传理论的发展奠定了基础。本书通过系统总结天津市在这一时期的宣传理论成果，形成了对基层宣传的规律性认识，深化了对宣传发展史的研究。

（二）实践意义

第一，为新时代基层宣传工作提供借鉴。当今中国社会思想的发展呈现出成分多元、构成复杂等特点，利益的多样化带来了价值的多元化，基层宣传工作也经受着社会转型期的现实带来的考验。面对新局面，基层宣传工作却出现了形式主义、脱离群众等问题，宣传工作必须进行改革与创新，才能继续发挥优势。本书总结天津市在 1949—1956 年基层宣传思想工作的经验教训，通过梳理基层宣传工作的理论构成与执行方式，以寻找和总结党的宣传工作发展的规律性，为新时代宣传工作的发展提供指导。

第二，在国际舆论争夺战中，为当前宣传工作提供历史支撑。随着世情的巨大变化，中国面临的国际意识形态环境也不同于从前，宣传工作面临着国际挑战。近些年来，西方一些国家将迅速发展的中国作为假想敌，用所谓“普世价值”占据宣传通道，对中国的报道却充斥着

“我行、你不行”的“双标”对待。对此习近平总书记说：“敌对势力在那里极力宣扬所谓的‘普世价值’。这些人是真的要说什么‘普世价值’吗？根本不是，他们是挂羊头卖狗肉，目的就是要同我们争夺阵地、争夺人心、争夺群众，最终推翻中国共产党领导和中国社会主义制度。”① 识别与反抗日趋隐蔽复杂的意识形态渗透，发出中国自己的声音，让国内外民众了解真实的中国是当前宣传工作的重点。因此，考察天津市宣传工作在历史上的转折期是如何克服困难取得胜利的，对突破当前宣传工作所面临的困境有着积极的借鉴意义。

第三，为通过基层宣传加快推动市域社会现代化提供借鉴经验。改革开放以来，中国的城市化发展进入高速运转的阶段。李克强总理指出：“城镇化是中国现代化进程中一个基本问题，是一个大战略、大问题。”② 习近平总书记在党的十九届四中全会上指出，要“加快推进市域社会治理现代化”③。随着形势的变化，对基层宣传工作的认识要不断深化、方法要不断创新、手段要更加成熟，才能提升群众自我教育、自我管理能力，从而发动群众、依靠群众，推进市域现代化。天津是中国近代工业的心脏，天津解放前后是北方最大的工商业城市。将1949—1956年的天津基层宣传工作作为研究对象，可以为当下如何通过基层宣传建立密切的党群关系、践行群众路线，从而为推动市域社会治理现代化提供有益的经验借鉴。

---

① 中共中央文献研究室．习近平关于社会主义文化建设论述摘编［G］．北京：中央文献出版社，2017：50.

② 李克强．协调推进城镇化是实现现代化的重大战略选择［J］．中国报道，2013（3）：20.

③ 习近平．中共中央关于坚持和完善中国特色社会主义制度、推进国家治理体系和治理能力现代化若干重大问题的决定［M］．北京：人民出版社，2019：30.

第二节 核心概念与研究范围界定

一、核心概念的界定

（一）宣传

汉语中“宣传”一词包括“宣”和“传”两个独立的文字。甲骨文中早有关于“宣”“传”二字的记载。“宣”“传”合起来使用是在东汉末年，主要与战争活动有关，《三国志》中也出现了“宣传”的文字。这时期的“宣传”主要含义是“传达、宣布”，体现了森严的等级关系，常用于军事管理中。“宣传”合为一个词语后，多用于宣布、传播，有互相传布之意，也有广泛宣扬之意。新文化运动后期，马克思主义思想从苏联传入中国，这时期的宣传思潮对汉语中的“宣传”概念产生了深远影响，孙中山在“救国方法”推广中使用了宣传一词，先进分子、知识分子用“觉醒的力量”“麻痹”和“左右舆论的力量”去阐述宣传的内涵，梁士纯用“唤起舆论”对宣传进行定义。“宣传”逐渐开始形容向群众表达、解释主张和观点，以发动和组织群众。发展到现在，宣传的概念一般指为达到引导、说服的目的，向特定群体开展有针对性的思想、观点教育，以对其实现行为引导，使其朝着既定方向发展的一种活动，这里的宣传主体包括个体、社会组织、政治团体等。

（二）基层宣传思想

宣传工作是中国共产党的重要工作，是党的政治优势之一。中国共产党以马克思主义为指导思想，马克思将宣传理解为，“宣传主要目的是用正确的理论、观点引导人们"，"宣传对人的思维活动产生影响"。苏联的宣传理念和思想对中国产生了很大影响，列宁十分强调理论"灌输"的重要性。因此，党也一直将宣传作为核心工作，以达到改造群众思想的目的。宣传指宣布、传播一定的思想和政治主张以影响群众，党的宣传工作就是有计划、有针对性地向群众输出自己的政策、立场、主张，以争取群众支持。党的每一项政策落地实施，都需要通过宣传动员，使其被群众认可并执行。中国共产党的发展史也证实了这一点，宣传动员工作越出色，获得的成果就越出色，基层宣传是党的重要法宝。

群众是中国革命最坚实的力量，广泛发动群众是战胜敌人最有效的武器。而通过宣传改造群众思想则是有效运用这个武器的方式。毛泽东同志指出："一个人只要他对别人讲话，他就是在做宣传工作。"① 宣传工作就是将群众创造的经验总结起来，进一步向更加广泛的群众进行解释，化为群众的意见，使群众坚持下去，见之于行动。基层宣传工作担负着自上而下教育群众、提高群众思想觉悟，以及自下而上收集意见、反馈意见的重要而艰巨的任务，处在宣传工作的第一线。其能够从上到下把党的主张普及到群众中间，使政策落地落实，同时又自下而上地将群众的意见、要求、思想、情绪及时反映上去，保持党与人民群众的密切联系。基层宣传工作直接决定和影响着整个宣传工作的成效，决定着党的路线、方针、政策的贯彻执行。

二、研究范围的界定

（一）1949—1956 年天津市概况

天津自古以来就是中国北方重镇之一，自 1860 年天津开埠后，其

① 毛泽东选集（第 3 卷）[M]. 北京：人民出版社，1991：838.

因东临渤海、扼守京畿的特殊地理位置备受帝国主义关注，各国列强接踵而至抢占地盘、强划租界，这使得新中国成立前天津市成为北方最大的工商业城市以及金融商贸中心，在国际上具有一定的知名度，但同时也使天津成为一个半殖民地半封建性质的城市，市内租界林立，多个资本主义国家势力大举渗透，城市社会经济结构复杂。天津解放后，我党迅速采取恢复生产、稳定物价、构建金融秩序、促进贸易、进行社会主义改造与建设等一系列卓有成效的措施，成为新中国城市发展的领头羊。

（二）1949—1956 年天津市的行政区划

1949—1956 年，天津市行政区划及名称曾多次变更，本书行文时以所写年份的行政区划为基础范围，所提到的各区名称均以所在年份的名称为准。1949—1956 年天津市的行政划分如下所示：1949 年 1 月 15 日，天津设 11 个行政区；1949 年 3 月，塘大市划归天津市，改为塘大区；1952 年 4 月 21 日，天津县划归天津市，塘大区改为塘沽区；1952 年 10 月 10 日，天津市将原行政区合并为 8 个行政区；1953 年 5 月 14 日，天津县改为天津四郊，分别为东郊、西郊、南郊、北郊；1953 年 7 月 4 日，汉沽市划归天津市，更名为汉沽区；1956 年 1 月 1 日，天津市市区改名，将之前的一区至八区改名为：和平区、城厢区、河北区、河东区、新华区、河西区、南开区、红桥区。本书的研究范围以市内六区、塘沽区、城郊四区为主。

第三节 研究现状

宣传学是研究人类社会的宣传现象、探索宣传活动规律的一门学问。对宣传学的研究横跨了新闻传媒学、政治学、党史、教育学等多个学科。在国内外关于宣传的众多研究中，以中国共产党宣传理论为对象的研究非常活跃，相关的研究成果不胜枚举，下面从国内、国外两个角度概括学界对中国共产党宣传思想工作的述评。

一、国内研究综述

国内对宣传思想工作的研究有的以马克思主义经典作家的宣传理论为研究对象，有的以中国共产党宣传史为研究脉络，有的以中国共产党领导人宣传思想为研究核心，也有的以党的某个特殊时期为考察对象。由于并非所有的研究都与本书所要研究的内容密切相关，因此，现将国内具体研究中与本研究有关的学术成果总结如下。

（一）国内宣传思想工作研究的基本视角

国内以宣传活动为对象的研究，无论从研究的广度和深度，还是从研究的质量与数量来看，均可以说是硕果累累，其中既有不少著作对其进行系统梳理，也有大量学术论文对其细节进行分析阐释，近年来也有一些学术论文以此为研究对象，推动着这一研究向纵深发展。目前学界对宣传思想工作的研究主要集中在以下几个视角。

第一，以宣传学为视角探讨宣传思想的研究。以此为视角的研究将宣传工作作为一门科学，从宣传的社会功能、本质属性、基本规律、运行机制等方面切入，同时分析总结其他国家、政党宣传工作的现状，以此梳理党在宣传学方面的理论体系。其中代表观点为："宣传，特别是我们党的宣传是一门科学，而且是一门政治性、理论性和实践性很强的综合性应用学科。"① 这一类研究试图通过对中国共产党宣传学的研究，

① 向在仁. 宣传学概论［M］. 成都：四川社会科学院出版社，1988：1.

建立起马克思主义的宣传学体系。如宋锡仁在其著作中开门见山地提出："马克思主义为宣传学的建立提供了理论基础，党的宣传学，具有鲜明的阶级性，严密的科学性和具体的实践性，是一门以研究党的宣传思想工作的任务、目的、原则、规律性、运行机制和手段等为基本内容的，实践性很强的综合应用科学。"① 李炎巨在《宣传工作概论》中提到的观点是："宣传工作是一门社会科学……它是以马克思主义的辩证唯物主义和历史唯物主义，以及马克思主义关于党的学说等，作为自己的理论基础的。同时，它具有实践基础。它是我们党长期的宣传工作丰富实践经验的科学总结，或者说，是丰富的实践经验的系统化、条理化、科学化、规范化。"② 沈一之在《中国共产党宣传学概论》中提到："把党的宣传作为一门科学来研究，不仅是新时期提高宣传工作水平所必需，也是宣传战线面临的一项紧迫任务。"③ 这方面的代表著作还有李良荣的《宣传学导论》（福建人民出版社，1989）、向在仁的《宣传学概论》（四川省社会科学出版社，1988）、宋锡仁的《宣传学讲授纲要》（四川人民出版社，1990）和黎元江的《中国宣传学》（广东高等教育出版社，1988）等。

第二，从宣传史的视角进行梳理。此研究视角对宣传历史进行集中梳理。林之达在《中国共产党宣传史》中提道："党的宣传史作为党史的一个有机构成部分，既有党史的基本性质，也就是具有党史的各有机构成部分的共性，同时也有自己的个性。"④ 比如抗日战争时期，党对"宣传鼓动工作"的认识随着革命斗争进一步深化，党更加重视对宣传

① 宋锡仁. 宣传学讲授纲要［M］. 成都：四川人民出版社，1990：11.
② 李炎巨，陈开国. 宣传工作概论［M］. 长沙：湖南人民出版社，1986：11.
③ 沈一之. 中国共产党宣传学概论（上、下册）［M］. 石家庄：河北人民出版社，1988：2.
④ 林之达. 中国共产党宣传史［M］. 成都：四川人民出版社，1990：1.

方式的研究，比如对报纸刊物、口号标语、文艺活动等宣传方式的运用。到解放战争时期，党开始使用“宣传教育工作”“宣传解释工作”“思想改造”等概念，侧重于研究宣传效果的普及性。如毛泽东同志提出：“我们宣传大会的路线，就是要使全党和全国人民建立一个信心，即革命一定要胜利。”① 新中国成立以前的宣传思想工作，为新中国成立后党在全国执政条件下开展宣传思想工作奠定了坚实的基础，提供了宝贵的经验。新中国成立以后，中国共产党对宣传思想工作改革和转变的迫切性呼之欲出。李宗建在其博士学位论文《建国以来中国共产党宣传思想工作转变研究》中梳理了新中国成立以来党的宣传思想的转变。② 樊亚平、刘静在《舆论宣传·舆论导向·舆论引导——新时期中共新闻舆论思想的历史演进》中以改革开放后中国共产党的舆论宣传为研究对象，将其分为“舆论宣传”“舆论导向”“舆论引导”三个阶段。③ 宋锡仁提道：“比较系统地提供党的宣传思想工作的历史材料，就成为一项重要而又迫切的任务。”④ 研究成果有林之达所著的《中国共产党宣传史》（四川人民出版社，1990）、李宗建的博士学位论文《建国以来中国共产党宣传思想工作转变研究》（南开大学，2013）、樊亚平和刘静的论文《舆论宣传·舆论导向·舆论引导——新时期中共新闻舆论思想的历史演进》等。

第三，以中国共产党领导人的宣传思想为研究对象的视角。中国革命的成功依赖于广大人民的广泛参与，党的领导人在通过宣传唤起广大人民投身于革命事业的实践中，提出了许多开创性理论，他们留下了丰

① 毛泽东选集（第3卷）［M］. 北京：人民出版社，1991：1049.

② 李宗建. 建国以来中国共产党宣传思想工作转变研究［D］. 天津：南开大学，2013.

③ 樊亚平，刘静. 舆论宣传·舆论导向·舆论引导——新时期中共新闻舆论思想的历史演进［J］. 兰州大学学报（社会科学版），2011（4）：6.

④ 林之达. 中国共产党宣传史［M］. 成都：四川人民出版社，1990：2.

富的宣传思想宝藏。近些年来，学者们专门研究毛泽东、邓小平、习近平等国家领导人宣传思想的成果颇多。如陈力丹的《马克思主义新闻思想概论》，通过对马、恩、列、斯和中国无产阶级革命家对比进行研究。核心观点为：毛泽东同志提出的实事求是、理论联系实际等宣传原则是党宣传思想工作的指导基础；周恩来同志非常重视新闻宣传在党的事业中的作用；陈云同志反复强调革命中要重视对红军“理想信念”的宣传教育等。张艺兵的著作《毛泽东的宣传思想研究》中提道：“毛泽东始终强调要把宣传和普及马克思列宁主义作为宣传工作的首要任务，这是我们立党立业的根本。”① 刘建明的《邓小平宣传思想研究》中提道：“邓小平同志的著作中，宣传概念的含义扩及得很广。凡是向群众说明、讲解党的纲领、路线、方针政策、工作任务，打通他人的思想，都是在进行宣传。以产生思想影响为目的的活动，诸如谈话、会议、张贴标语口号、新闻报道、文艺演出、发表理论文章、发行书刊等，都属于宣传活动。”② 郑保卫以习近平总书记的宣传思想为研究对象，探讨了习近平总书记的宣传思想对马克思主义的继承，在理论上的创新和发展。③ 这些研究聚焦于某一领导人，因此可以更翔实地展现其宣传思想的特点以及对党的宣传事业所起的作用。这一视角的代表著作有陈力丹的《马克思主义新闻思想概论》（复旦大学出版社，2006）、张艺兵的《毛泽东的宣传思想研究》（中国社会科学出版社，2019）、刘建明的《邓小平宣传思想研究》（辽宁人民出版社，1990）、雷跃捷的《邓小平新闻宣传理论研究》（中国传媒大学出版社，2002）等。

---

① 张艺兵. 毛泽东的宣传思想研究 [M]. 北京：中国社会科学出版社，2019：2.

② 刘建明. 邓小平宣传思想研究 [M]. 沈阳：辽宁人民出版社，1990：3.

③ 郑保卫. 习近平新闻宣传舆论观的形成背景及理论创新 [J]. 现代传播（中国传媒大学学报），2016（4）.

第四，以某一区域为样本，围绕特定时间段党的中心工作形成的宣传思想的专门研究。该研究视角主要是结合特定区域对某一特定阶段的宣传思想工作进行探讨。革命时期研究较多的区域有陕甘宁边区、晋察冀边区等，建设时期研究区域有首都北京、农业大省湖南、现代化大都市上海等。王利民在其博士学位论文《晋察冀边区党的新闻宣传研究》（河北大学，2014）中选取了晋察冀边区作为研究区域，探讨党在战时的宣传工作。① 刘原在其博士论文《陕甘宁边区时期中国共产党意识形态建设研究》（天津师范大学，2020）中重点研究了陕甘宁边区的意识形态建设工作。② 邓世平在博士学位论文《湖南农业合作化运动中的宣传动员研究》（中共中央党校，2018）中选取了新中国成立后的农业大省湖南作为研究区域。③ 鄢进波在其博士学位论文《建国初期上海城市群众工作研究》（上海大学，2016）中以新中国成立初期的上海为研究对象，重点探讨了中国共产党如何向群众宣传并组织群众、发动群众的经过。④ 杨丽萍在《新中国成立初期上海基层社会管理中的宣传工作研究》一文中以新中国成立初期的上海为研究区域，探讨政府如何通过基层宣传构建起公信力。黄利新在《论北京市城区基层组织在抗美援朝运动中的宣传工作》一文中探讨了党在基层宣传中是如何对群众进行充分动员，引导其积极支持政府号召开展实际行动。⑤ 廖黎娜在其硕士学位论文《农村宣传工作的现状与对策研究——对湖北省监利县周老嘴镇的实证调查》（华中农业大学，2013）中研究了当地农村宣传工

① 王利民. 晋察冀边区党的新闻宣传研究［D］. 保定：河北大学，2014.

② 刘原. 陕甘宁边区时期中国共产党意识形态建设研究［D］. 天津：天津师范大学，2020.

③ 邓世平. 湖南农业合作化运动中的宣传动员研究［D］. 北京：中共中央党校，2018.

④ 鄢进波. 建国初期上海城市群众工作研究［D］. 上海：上海大学，2016.

⑤ 董利新. 论北京市城区基层组织在抗美援朝运动中的宣传工作［J］. 北京社会科学，2011（5）.

作的现状和存在的问题，提出必须强化领导管理、创新宣传方式、丰富宣传内容、提升队伍素质、完善宣传设施等解决路径。① 史泽源在《抗战时期中共基层政权的选举宣传——以晋察冀边区为例》一文中探讨了中国共产党是如何在晋察冀边区通过建构通俗有趣的宣传话语、组织群团参与的宣传队伍、营造风清气正的选举环境、开展寓教于行的选举活动，来保证基层政权的选举宣传深入人心的。② 齐小林在其著作《当兵——华北根据地农民如何走向战场》中探讨了中国共产党在华北地区的征兵宣传工作。③

（二）对基层宣传工作与城市管理工作关系的研究

学术界关于宣传工作思想的研究比较多，关于城市管理的研究也比较多。但专门研究二者关系的成果较少。研究主要论述了以下几个方面的问题。

第一，城市管理中基层宣传的必要性。宣传的必要性得到了学者们几乎一致的肯定。徐勇认为中国共产党要将社会整合起来，就只有通过党的组织网络将群众动员到党领导的城市建设的事业中去，他认为中国共产党要想得到群众的政治认同，就需要通过宣传实现。④ 林尚立也充分肯定了宣传动员的作用，他将宣传动员视为推动社会转型和发展的重要手段，并认为中国共产党在农业合作化运动中的宣传动员具有超强的社会推动能力。⑤

---

① 廖黎娜. 农村宣传工作的现状与对策研究——对湖北省监利县周老嘴镇的实证调查[D]. 武汉：华中农业大学，2013.

② 史泽源. 抗战时期中共基层政权的选举宣传：以晋察冀边区为例 [J]. 日本侵华南京大屠杀研究，2019（2）.

③ 齐小林. 当兵：华北根据地农民如何走向战场 [M]. 成都：四川人民出版社，2015.

④ 徐勇. “宣传下乡”：中国共产党对乡土社会的动员与整合 [J]. 中共党史研究，2010（10）.

⑤ 林尚立. 当代中国政治形态研究 [M]. 天津：天津人民出版社，2000：286.

第二，各个时期宣传动员的手段与方法。如在宣传过渡时期总路线时，宣传干部以读报座谈、放映电影幻灯片、举办图片展览、演示拖拉机耕地、组织群众参观工厂矿山、访问苏联集体农庄的劳动模范并听取其报告等多种形式，向群众讲解“一化三改”的好处。通过具体深入的宣传，获得群众的认可。梁丽辉在其博士学位论文《新旧更迭中的巨变：建国初期天津工人研究（1949—1956）》（南开大学，2015）中讲述了新中国成立初期，党领导工人阶级进行政治学习与宣传时，就采用了漫画、闪电报、消化牌、学习岗哨、鼓动台、游戏、点将台、比比看、黑红榜、大字报等方式，提高政治学习与政治宣传效果。①

第三，关于不同时期宣传动员效果的研究。刘道华在《中共天津地方党史简辑》中指出，在1949—1953年，全市的文化机构迅速增加，人民保卫新政权、建设新社会的热情被激发。② 彭正德指出，在实行过渡路线时期，中国共产党通过对群众的宣传动员，逐步改变了工人、农民、手工业者的思想观念，逐渐消除了他们对党的合作化政策“保守”的心理和消极行为，并促使他们在很短的时间内都参与到合作化运动中来。③ 但是也有学者持相反意见，如娄胜华认为新中国成立初期，党通过基层宣传迅速确立了执政地位，顺利实现了社会主义改造，但宣传工作也受到历史的局限，如党政力量起到了主导作用，“刺激了对政治动员的制度性诉求”，却挤占了文艺、教育等其他活动本身的空间。

总结一下学界的研究成果，关于宣传的研究既有横向对比，也有纵向梳理，但将基层宣传工作作为独立学术对象的研究还较少，大多将其

---

① 梁丽辉. 新旧更迭中的巨变：建国初期天津工人研究（1949—1956）［D］. 天津：南开大学，2015.

② 刘道华. 中共天津地方党史简辑［M］. 天津：天津人民出版社，1991：109.

③ 彭正德. 新中国成立初期合作化中的政治动员与农民认同：以湖南省醴陵县为例［J］. 中共党史研究，2010（5）.

置于宣传工作大背景或在基层治理的时域中去研究。研究视角要么偏向于宏大叙事的历史主题，要么着眼当前的现实任务。总之，基层宣传工作涵盖了城市与农村，其思想内涵丰富，但相对来说杂糅在历史实践中，需从浩若烟海的史料中摘取提炼，从而为继续从事基层宣传工作的研究提供有益的借鉴。进行基层宣传工作研究既可以回归到历史中，结合不同阶段的历史任务做出探讨；也可以着眼实际，重点探讨新时代基层宣传遇到的新问题以及解决的新方法；当然研究也可见微知著，聚焦于宣传工作的某一微小视角。

二、国外研究综述

在西方，宣传一词英文为 Propaganda，其拉丁文原义为种植、播种，多用于农业生产中。1622 年，天主教将其用于团体名称中，原义为“传布宗教信仰的委员会”，专指传布教义。后来 Propaganda 一词逐渐进入社会生活领域，演变出宣布、传播的意思，现代英语中其义为有意识广泛地传布或宣扬某种特定思想、学说、教义、实践等的行动。

（一）国外关于宣传思想的研究综述

“现代公共关系学之父”爱德华·伯内斯说：“宣传遍在于我们生活的所有领域，它切实地改变了我们对于这个世界的心理图景。”① 第一次世界大战之后，面对社会巨变，作为化解矛盾、达成共识、建立信任的润滑剂，宣传开始活跃于学术、政治、商业等多个领域。目前，西方关于宣传思想的研究主要集中于多个领域，我们重点梳理了以下三个视角的研究情况。

① ［美］爱德华·L. 伯内斯. 宣传［M］. 胡百精，等译. 北京：中国传媒大学出版社，2014：52.

第一，将“宣传”纳入传播学的范畴进行研究。美国学者沃尔特·李普曼在其著作《舆论》中提到，公共舆论是可以被构建、制造和引导的，是可以被有兴趣这么做的人所操纵的。约翰·R. 扎勒在其著作《公共舆论》中运用了大量的数据与实证研究，对信息进行测量，最终得出结论：公共舆论是由精英主导的。① 美国著名传播学学者赛佛林与坦卡德所著的《传播理论：起源、方法与应用》中谈到了大众传播理论的变化：与以往对大众传播的使用不同，随着媒介形式的转化，受众行为的重要作用变得更清晰。传播学者也许应该由强调传播的效果向考虑传播的社会影响转变。美国学者罗杰斯认为，新的传播技术产生了一些重要的社会影响：失业、穷人和富人之间的信息差距加大，媒介使用中性别不平等加剧，信息超载，社会权利的分散，以及大众媒介受众的分化。可以说，西方学者在将“宣传”纳入传播学进行研究时，强调了信息发展给传播环境带来了新的变化，而传播环境的改变会带来宣传信息的不平等、宣传“剥削”、宣传“殖民”等社会影响。

第二，对政治宣传的研究。将宣传引入政治领域是从第一次世界大战开始的，因此对政治宣传的研究，在一战后开始兴起。哈罗德·D. 拉斯韦尔的《世界大战中的宣传技巧》被称为美国传播学的开山之作。他在这本专著中考察了一战中各交战国关于宣传的组织问题，即他们在解决外交、军事、国内经济社会等领域的问题时展现出的技巧。同时考察了一战中宣传方式的运用，包括战斗各方用于宣传的报纸、宣传单、电影、歌曲等。他认为，宣传通过直接操纵社会建议来控制意见和态度，是现代社会最强有力的工具之一，具有强大的效果。书中提道：“过去的这次大战的历史表明，现代战争必须在三个战线展开：军事战

① ［美］约翰·R. 扎勒. 公共舆论［M］. 陈心想，等译. 北京：中国人民大学出版社，2002：310.

线、经济战线和宣传战线。经济封锁扼制敌人，宣传迷惑敌人，军事力量给予敌人最后一击。"① 美国语言学家诺姆·乔姆斯基在其著作《宣传与公共意识》中，重点探讨了美国在处理与公众及其他国家的关系时的宣传，他认为美国的政治宣传中，"官方文件中很多事实都被隐瞒了，我就曾被愚弄过"②。二战后，也有学者将政治宣传的研究焦点集中于政治选举中的宣传。如英国学者布莱恩·麦克海尔在《政治传播学引论》中谈到，广大群众通过选票做决定之后，可以用公共舆论影响政治过程，因此很多国家开始了对政治宣传的追求。"对政治广告的追述应该首先从美国开始。政治广告正是在这里初见雏形，并且发展到了今天登峰造极的程度……而且，美国政治广告的技巧已经出口到了英国及其他国家。"③ 政治宣传的一个特点就是日益强调"候选人形象的建构，却淡化问题与政策立场的传播"④。美国学者赛佛林与坦卡德所著的《传播理论：起源、方法与应用》中谈到了竞选宣传的使用，在对其他学者理论梳理的基础上提出了大众媒介对政治宣传的效果问题。

第三，对商业及其他领域宣传的研究。20 世纪以来，市场经济的发展使宣传一词被引入商业领域，随着商业与公众的关系不断强化，商业宣传成为当前研究的热门领域。美国学者赛佛林与坦卡德在合著的《传播理论：起源、方法与应用》中提到，商业宣传也处于变革阶段，因为媒介环境正在发生巨大的变化。传统上针对广大匿名受众的大众媒

① ［美］哈罗德·D. 拉斯韦尔. 世界大战中的宣传技巧［M］. 张洁，田青，译. 北京：中国人民大学出版社，2003：173.

② ［美］诺姆·乔姆斯基，戴维·巴萨米安. 宣传与公共意识［M］. 信强，译. 上海：上海译文出版社，2006：273.

③ ［英］布莱恩·麦克海尔. 政治传播学引论［M］. 殷祺，译. 北京：新华出版社，2005：103.

④ ［英］布莱恩·麦克海尔. 政治传播学引论［M］. 殷祺，译. 北京：新华出版社，2005：105.

介广告可能是一种行将消亡的传播形式。市场营销已经转向了新的营销手段，如通过数据库中的信息进行甄别，有针对性地进行广告宣传。①爱德华·伯内斯在其著作《宣传》中提到，在利益集团影响公众的效果方面，商业提供了生动的事例。虽然商业宣传与政治宣传的共同之处就在于通过影响宣传对象以达到自己的目的，但二者也有很大的不同。政治宣传的方法可以灵活多样，但其宣传的观点、基本模板是始终如一的，很多时候要求人们克制对眼前利益的追逐来获取长远的、整体的利益。但是，正如爱德华·伯内斯所说："商业学会了政治宣传的所有套路，政治却未从商业对理念和产品的大规模销售之道中学有所获。"②另外，他也在其著作中对社会公益服务中的宣传、女性运动中的宣传等进行了探讨。

（二）国外对中国共产党宣传思想的研究

国外对中国共产党的宣传思想的研究，最广为人知的便是埃德加·斯诺的《西行漫记》，这本著作被认为是研究中国共产党早期革命的百科全书。全书以作者的真实见闻为基础，详细描写了红军剧社在土地革命的宣传中所起的作用，也记录了红军是如何通过政治课对战士进行思想政治教育工作的。③ 该著作对中国共产党早期在群众中的宣传效果给予了高度评价，为世界各国研究中国共产党的学者提供了第一手的资料。除此之外，国外对中国共产党"宣传"的研究，主要集中在三个方面。

---

① ［美］赛佛林，坦卡德．传播理论：起源方法与应用［M］．郭镇之，等译．北京：中国传媒大学出版社，2006：10.

② ［美］爱德华·L．伯内斯．宣传［M］．胡百精，等译．北京：中国传媒大学出版社，2014：105.

③ ［美］埃德加·斯诺．西行漫记［M］．董乐山，译．北京：东方出版社，2005.

第一，围绕中国共产党的宣传政策的研究。通过研究党围绕中心工作制定的各项宣传政策，并分析政策执行情况，得出研究结论。如美国学者费正清就对中国共产党早期对军队的政治思想教育大为惊讶，他认为中国共产党始终强调关注军队与群众的关系，由于能够深入群众，中国共产党的行动更加有回旋余地。他详细论述过中国共产党在革命早期，是如何在土地革命的同时向群众进行宣传的，以及中共在战时意识形态是如何统一和发展的。①

第二，围绕中国宣传路径进行的研究。此类研究多以中国共产党宣传工作的最后一步——实现路径为研究对象，如美国学者沈大伟在《中国共产党：收缩与调适》一书中系统研究了中国的宣传系统，他认为“宣传系统是中国共产党控制工具箱中的一件重要工具”②。此外，也有些研究侧重点集中于宣传的表达工具——报纸、广播、文艺展演等的考察。费正清在《美国与中国》一书中考察了解放运动时期，中国共产党通过木刻画、秧歌等形式进行宣传的原因，木刻画之所以较为流行，是因为“木刻能廉价印刷大量的版画发给群众”，如秧歌的普及则跟其旋律、舞步、曲调都比较简单有关系。中国共产党借助秧歌“让普通男女一起在公开场合跳农村舞蹈和合唱来表达他们的情感，是他们融合于社会过程的一部分”③。

第三，围绕中国共产党宣传影响展开的研究。这些学者通过大量的事件与样本分析，试图解释宣传对中国的重要作用。如弗里曼在其著作《中国乡村，社会主义国家》中，以新中国成立前后 20 多年的时间为

---

① ［美］费正清．美国与中国［M］．张理京，译．北京：世界知识出版社，1999.

② ［美］沈大伟．中国共产党：收缩与调适［M］．吕增奎，等译．北京：中央编译出版社，2012：159.

③ ［美］费正清．美国与中国［M］．张理京，译．北京：世界知识出版社，1999：283.

样本，考察华北农民的生活状态，以此分析中国共产党通过宣传发动群众，极大激发了农民的爱国主义与社会主义革命的热情。[①] 费正清在其著作《伟大的中国革命：1800—1985》中提道："他们（中国共产党）刚一打败国民党军队，全国就立刻接受他们为新的统治者。"[②] 这正是中国共产党强大的宣传效能最好的体现。但他也认为利用社会动员发动群众进行集体化改造，是一种非理性的、不符合经济发展规律的活动。他认为集体化改造中过于相信精神因素的作用，这种依靠思想教育把劳动力组织起来以增加生产的做法，是不切实际的浪漫主义想法。

对国内外的文献梳理可发现：这些研究倾向于历史的宏大叙事的窠臼，以基层宣传角度进行细致入微实证考察的较少，研究大多运用的是公开的资料，地方档案史料运用不多。如果缺乏地方史料的支撑，很多研究就难以形成有效的实证结论，很多研究虽然聚焦到基层宣传，但更倾向于探讨宣传的方法与手段。还有的研究没能将中国不同时期的宣传工作置于大的历史环境与小的地理范围中去考察，没有探索每一项宣传活动背后的历史逻辑与地域特色，没有看到宣传如何润滑了国家、地方、群众三者的关系。在这种研究格局下，如果能够从小切面入手，将某一时期的基层宣传工作放到党宏大的历史发展中去研究，阐述清楚小切面与大历史之间的关系，就可以让其成为大历史的镜像显现。本书从1949—1956年天津市的社会发展面临的矛盾入手，探讨基层宣传工作如何开展及取得成效，以期总结出有助于当今基层宣传的借鉴经验。

---

① ［美］弗里曼．中国乡村：社会主义国家［M］．陶鹤山，译．北京：社会科学文献出版社，2002.

② ［美］费正清．伟大的中国革命：1800—1985［M］．刘尊棋，译．北京：世界知识出版社，2000：329.

第四节 研究思路

本书在论证过程中遵循逻辑与历史相统一、理论与实际相结合的原则，以1949—1956年天津市基层宣传工作为研究对象，首先界定了基层宣传及相关概念，梳理了马克思主义经典作家的宣传思想，将其作为中国共产党宣传工作思想的理论来源，接着总结了党基层宣传工作的历史经验。其次结合天津市的特殊地位分析了1949—1956年天津市基层宣传工作的主要内容、组织保障、宣传形式以及历史经验与现实启示。

本书共分为六个部分，具体框架安排如下。

第一部分为绪论。首先介绍了选题缘起及研究意义。其次界定了宣传、宣传工作、基层宣传工作的概念及天津市区域界定的范围，从这几个层面框定了天津市基层宣传工作的范围，为研究明晰了相关概念。再次，介绍了研究现状、思路、方法与创新。

第二部分论述了天津市宣传工作的理论来源与现实背景。首先，总结了马克思主义经典作家关于宣传工作的思想论述，为天津市的基层宣传工作思想研究追溯了理论渊源。其次，总结了新民主主义时期党积累的丰富的基层宣传经验。再次，对天津市城市发展进行纵向梳理。这为开展1949—1956年天津市基层宣传工作研究提供理论来源与实践基础。

第三部分论述天津市在1949—1956年基层宣传工作的内容。介绍了在1949—1956年，党随着中心工作的不同，在各个阶段体现出宣传内容不同的侧重点，其基层宣传呈现出效果逐渐向好、成果逐渐扩大的趋势。天津市的基层宣传工作充分体现了具体问题具体分析的工作原则。

第四部分论述了天津市在1949—1956年基层宣传的方式。天津市在基层宣传工作中充分运用了多样化的宣传方式。有继承于革命时期的宣传方式，也有在工作中发掘出的具有天津特色的宣传方式。当时的宣传效果是较为显著的，通过基层宣传塑造了群众以马克思主义为指导的主流意识形态，提高了群众对中国共产党执政权的认同，激发了群众参与社会主义建设的热情。

第五部分论述了天津市在1949—1956年建构的基层宣传保障机制。天津市在1949年—1956年不断健全各级党委宣传机构，整顿和巩固基层宣传网，建立高效的宣传网络。同时，党群组织在基层宣传中发挥着重要作用，党的宣传辐射面通过党支部或者党小组迅速下沉到基层，工、青、妇群众组织也发挥着积极作用，党员干部在宣传中发挥了关键作用。通过组织保障，党建立了比较高效的宣传机制，牢牢抓住了基层宣传的领导权。

第六部分论述天津市在1949—1956年基层宣传工作的特点、局限与启示。基层宣传不能只满足于发动群众，必须重视群众的现实经济利益，要符合群众的内在需要，这样的宣传才会让群众真正接受，并转化为群众的行动。新时代基层宣传要牢牢把握党对宣传工作的领导权，提高党的宣传能力；要结合党和国家的中心工作，注重满足宣传对象的现实利益；要实现宣传工作的与时俱进，坚持新媒体和传统媒体的融合。

第五节　研究方法和研究创新

一、研究方法

（一）文献研究法

中国共产党的历史就是马克思主义中国化的历史，而对党史的研究离不开对各种文献资料、史料的挖掘和运用。本书从以下方面着手进行研究：一是尽可能收集、梳理和把握天津市在1949—1956年的社会治理与宣传的历史资料，用好丰富的档案素材；二是充分利用当年的报刊资料，如《人民日报》《天津日报》《大公报》（天津版）等，以此来了解当年基层宣传的途径、方法以及取得的效果；三是访谈整理，通过对各种访谈录、回忆录的整理来还原历史。本书对史料进行有效的归纳、整理，以期把握党在当时宣传工作的经验和特点。

（二）比较分析法

比较研究是人文社会科学研究中常见的一种方法。一般是指对两个或两个以上的事物根据一定的衡量标准进行对比、观察，分析他们之间的异同，探求他们之间的共性与个性。本书试图通过历史与现实的对比把握中国共产党基层宣传工作的特点与规律。首先，回归历史背景，剖析政治现象与当时社会因素之间的联系，从而归纳出基层宣传工作与党的执政任务之间的内在逻辑。其次，考察基层宣传工作在不同阶段的理念内容、表达方式、体制机制等与党的工作重心、社会历史环境之间的变量关系，找出因果联系。再次，以国家大背景为研究脉络，结合天津市的基层宣传案例，从个别到一般，再从一般回归到个别，在历史与现实的动态分析中抽象出中国共产党基层宣传思想工作的内涵，为中国共产党宣传工作在新时代背景下持续发展与创新提供参考。

二、研究创新

（一）研究视角有所创新

本书从小切口入笔，选择1949—1956年天津市的基层宣传工作作为研究对象，这就在一定程度上避免历史研究的宏大叙事，同时也防止了研究结论的碎片化倾向，使得研究的结论具有了一定的代表性。目前党的宣传工作已经引起了一些关注，但以天津市这座极具代表性的城市为样本的研究还比较少，本书在研究内容上拓展了天津市社会管理方面的研究空间。

（二）利用的史料档案较新

本书写作过程中运用了天津市档案馆、天津市和平区档案馆、天津市河东区档案馆、天津市南开区档案馆的档案资料进行研究，还运用了《天津日报》（1949—1956）、《人民日报》（1949—1956）、天津《大公报》（1921—1949）等报刊资料，同时也运用了天津市档案馆出版的多部天津市地方史相关书籍资料，以期通过对第一手史料的分析和研究，在研究深度和广度上有所突破。

第一章

天津市基层宣传工作的理论来源与现实背景

马克思、恩格斯等经典作家关于宣传工作没有进行过专门的论述，但在他们的经典著作中能发现很多有关宣传的思想。只有对经典作家的宣传思想进行系统梳理，才能探寻到天津市基层宣传的理论渊源。

第一节　马克思主义经典作家的宣传思想

马克思主义是中国共产党思想理论的源头，马克思、恩格斯从一开始就框定了宣传工作思想的范畴与意义，列宁在其著作中做了进一步的阐释。中国共产党在引入马克思主义理论的同时，也全面吸收了马克思主义经典作家关于宣传理论的精华，并在中国革命与建设的实践中不断发展与创新。

一、马克思、恩格斯关于宣传工作思想的论述

马克思、恩格斯在自己的著作中对宣传进行了大量的研究，以指导

无产阶级运动，发展壮大无产阶级政党。马克思和恩格斯关于宣传的理论虽分散在各种著作、书信中，若将其梳理总结，可分为宣传的主体、宣传的内容、宣传的作用、宣传的视角、宣传的对象、宣传的手段等方面。

（一）宣传的主体、内容及作用

马克思、恩格斯在不同的著作中对宣传的主体、宣传的内容与宣传的作用都有着详细的论述。

首先，马克思、恩格斯提出无产阶级党员是宣传的主体。明确宣传主体对宣传工作具有举足轻重的作用，只有确定了宣传主体，才能为后续的宣传工作指明方向、奠定基础。马克思、恩格斯曾明确指出无产阶级革命者应努力进行宣传工作。1847 年，马克思和恩格斯在《共产党宣言》中提到，“现在是共产党人向全世界公开说明自己的观点、自己的目的、自己的意图……的时候了”①，“只有无产阶级是真正革命的阶级”②。“城市工业无产阶级成了现代一切民主运动的核心；小资产者，尤其是农民，总是跟在他们后面。1789 年的法国革命，英国、法国和美洲东部各州的现代历史都证明了这一点”③。正如他们所说的那样，哲学将无产阶级作为自己的物质武器，与此同时，无产阶级也把哲学当作自己的精神武器。除此之外，马克思和恩格斯还强调工人阶级应重视对宣传工具的控制，恩格斯向德国社会民主党创始人之一奥古斯特·倍倍尔致信强调，“党的机关报必须由站在党的中心和斗争的中心的人来编辑”④。同年，马克思和恩格斯起草了《共产主义者同盟章程》，章程

---

① 马克思恩格斯选集（第 1 卷）[M]. 北京：人民出版社，2012：399.
② 马克思恩格斯选集（第 1 卷）[M]. 北京：人民出版社，2012：410-411.
③ 马克思恩格斯文集（第 1 卷）[M]. 北京：人民出版社，2009：661.
④ 马克思恩格斯全集（第 34 卷）[M]. 北京：人民出版社，1972：396.

中成为盟员的条件之一即为具有革命的毅力并努力进行宣传工作，而“印发传单”则是经费开支的重要一项。可以说，从一开始，马克思和恩格斯就将能够为了工人运动而进行宣传鼓动工作作为革命者的条件，同时对党的宣传者也提出更高的标准，“党的政论家需要更多的智慧、更明确的思想、更好的风格和更丰富的知识”①。由此在马克思主义视域下框定了宣传的主体是无产阶级政党、无产阶级革命者。

其次，马克思、恩格斯创造性地提出无产阶级革命的宣传内容。马克思在自己办《莱茵报》来进行宣传工作时曾说过，办报的目的就是为那些希望能够了解政治、研究理论的人提供一条途径。马克思谈到《莱茵报》时说过，在革命时期办日报是一种乐趣。“你会亲眼看到每一个字的作用，看到文章怎样真正像榴弹一样地打击敌人，看到打出去的炮弹怎样爆炸。”② 再加上马克思和恩格斯为共产主义者同盟所做的工作，可以总结出，二人对宣传工作的界定如下：首先，宣传无产阶级的政治目的。恩格斯提道：“我们要消灭阶级。用什么手段才能达到这个目的呢？这就是无产阶级的政治统治。”③ 马克思提道：“解放就是人的解放。这个解放的头脑是哲学，它的心脏是无产阶级。”④ 其次，唤醒无产阶级，引导其认识自身使命与责任。恩格斯在伦敦代表会议的发言中大声疾呼：“工人的政党不应当成为某一个资产阶级政党的尾巴，而应当成为一个独立的政党，它有自己的目的和自己的政治。”⑤ 再次，加强世界主要是欧洲各国之间的联系，并提出了这种宣传要实行道义影响的思想，即“非行政命令的，而是思想上的指导和引导”。

---

① 马克思恩格斯文集（第 1 卷）[M]. 北京：人民出版社，2009：664.

② 马克思恩格斯全集（第 22 卷）[M]. 北京：人民出版社，1965：89.

③ 马克思恩格斯文集（第 3 卷）[M]. 北京：人民出版社，2009：224.

④ 马克思恩格斯选集（第 1 卷）[M]. 北京：人民出版社，2012：16.

⑤ 马克思恩格斯文集（第 3 卷）[M]. 北京：人民出版社，2009：224-225.

再次，马克思、恩格斯提出宣传对无产阶级革命存在促进作用。马克思多次强调了宣传鼓动对于工人阶级运动的意义。“革命需要被动因素，需要物质基础。理论在一个国家的实现程度，总是决定于理论满足这个国家的需要的程度。”① 理论对革命可以起到推动和指导作用。同时，马克思也注意到宣传对无产阶级的意义，如“在每一个党、特别是工人党的生活中，第一张日报的出版总是意味着大大地向前迈进了一步”②，以及“在工人阶级在组织上还没有发展到足以对统治阶级的集体权力即政治权力进行决定性攻击的地方，工人阶级无论如何必须不断地进行反对统治阶级政策的鼓动（并对这种政策采取敌视态度），从而使自己在这方面受到训练。否则，工人阶级仍将是统治阶级手中的玩物”③。可以说，进行无产阶级运动、争取革命斗争胜利，只能通过将无产阶级组织起来的方式，而实现组织起来的最重要的手段就是宣传鼓动。

（二）与科学社会主义相结合的宣传视角

在马克思和恩格斯的理论中，与“宣传”相关的词汇出现的频率较多，而且多指广义的含义，如鼓动、讨论、交谈、通信等都归为宣传的范畴。

马克思和恩格斯从科学社会主义理论的视角对宣传展开论述，以科学社会主义的系统理论为基础，以激发无产阶级的阶级使命，防止被反动宣传以及错误宣传所影响，如马克思批判了“工人阶级是不能靠自己来解放自己的。要达到这个目的，它就应该服从‘有教养的和有财产的’资产者的领导，因为只有他们才‘有时间和可能’来研究有利

① 马克思恩格斯选集（第1卷）［M］. 北京：人民出版社，2012：11.
② 马克思恩格斯全集（第22卷）［M］. 北京：人民出版社，1965：590.
③ 马克思恩格斯文集（第10卷）［M］. 北京：人民出版社，2009：369.

于工人的一切东西”“正是在现在，在反社会党人法的压迫下，党表明，它不打算走暴力的、流血的革命的道路，而决定……走合法的即改良的道路”① 等或反动或错误的观点，以争取通过理论给工人阶级准确的思想引导。因此，二人都更强调革命宣传的实效性及理论对现实的指导意义，恩格斯在致马克思的信中提到“或许最好是着眼于实际效用而牺牲理论的兴趣”②，因而对于头脑清醒的从事宣传的人来说，首要的工作是为宣传做好理论准备，使宣传的效益稳定而持续地发挥作用。德国共产主义革命的萌芽刚刚诞生，马克思和恩格斯就意识到理论著作对宣传的重要性。恩格斯致马克思的信中提到，现实迫切需要他们写出几本较大的著作，以便给许许多多非常愿意干但自己又干不好的一知半解的人以一个必要的支点。马克思和恩格斯随即创作了大量关于科学社会主义理论的著作，为无产阶级宣传工作的开展提供了理论的“支点”。这种理论工作对于正确的宣传极为重要，某些并不科学的东西传播越广对工人运动危害越大。如马克思和恩格斯说过：“几乎是有多少脑袋就有多少观点，他们什么也没有弄清楚，只是造成了极度的混乱……这些教育者的首要原则就是拿自己没有学会的东西教给别人，党完全可以不要这种教育者。”③

马克思和恩格斯也高度重视对报纸、刊物、书信等宣传手段的运用，并在如何正确使用宣传方式方面有不少见解。如恩格斯提过“党需要的首先是一个政治性机关报”④，而如何正确地利用报纸进行宣传，他提到“归根到底，报刊的这种工作本身还是为它的工作人员准备了

① 马克思恩格斯文集（第3卷）[M]. 北京：人民出版社，2009：479.
② 马克思恩格斯全集（第27卷）[M]. 北京：人民出版社，1972：28.
③ 马克思恩格斯文集（第3卷）[M]. 北京：人民出版社，2009：484.
④ 马克思恩格斯全集（第34卷）[M]. 北京：人民出版社，1972：360.

材料，让他把材料组成一个整体。这样，报刊就通过分工一步一步地掌握全部的事实，这里所采用的方式不是让某一个人去做全部的工作，而是由许多人分头去做一小部分工作"①。正是因为马克思和恩格斯高度重视并发挥宣传鼓动的作用，并为此进行了大量的理论探讨，在短短几年内就赢得了在工人运动中的初步地位，推动了科学社会主义与宣传的结合。

（三）构建群众路线的雏形

马克思和恩格斯非常重视宣传的对象，而且他们关于宣传对象的论述体现了群众路线的雏形。马克思和恩格斯认为要将科学社会主义普遍宣传给群众，因为无产阶级革命是世界性的、普遍的群众运动，群众必定会作为历史进程的推动者坚定地支持社会主义。若非如此，仅仅沉迷于理论宣传而脱离无产阶级革命的宣传者就成为"沙漠中的布道者"②。马克思说过："理论一经掌握群众，也会变成物质力量。理论只要说服人，就能掌握群众。"③ 马克思和恩格斯也多次提到"沙漠中的布道者"，以此提醒革命宣传工作中必须紧密围绕群众、依靠群众。"宣传上的正确策略并不在于经常从对方那里把个别人物和一批批成员争取过来，而在于影响还没有卷入运动的广大群众""如果能够只是把群众争取过来，而不要他们的地方首领，那也不错。"④ 马克思和恩格斯还批驳了只争取社会上层，忽略群众的观点。如二人在书信中批评了"过于重视争取群众，而忽略了在所谓社会上层中大力进行宣传""在有教养的和有财产的阶级中出现许许多多拥护者，但是这些人必须首先争取

---

① 马克思恩格斯全集（第1卷）[M]. 北京：人民出版社，1956：358.
② 马克思恩格斯选集（第4卷）[M]. 北京：人民出版社，2012：4.
③ 马克思恩格斯选集（第1卷）[M]. 北京：人民出版社，2012：9.
④ 马克思恩格斯选集（第4卷）[M]. 北京：人民出版社，2012：511.

过来……以促使宣传工作获得显著的成绩”“普通的工人和小手工业者……只是在极少的例外的情况下才有必要的空闲时间来做这件事情”① 等错误的观点。二人通过为多种刊物撰稿，在工人阶级中广泛宣传鼓动，对科学社会主义的宣传取得了成效，科学社会主义在同“真正的社会主义”和小资产阶级思潮的论战中也越来越取得广大工人群众的信任，逐渐为欧洲各国无产阶级所接受，在广大无产阶级群众中打下了坚实的基础。

（四）宣传工作体现历史唯物主义观点

马克思与恩格斯在历史唯物主义核心观点的论述中始终能看到宣传思想的存在，二人对宣传理论探讨的重点在于强调宣传的与时俱进性。他们关注到社会结构、社会制度等社会变化是宣传工作取得成功的核心，也是宣传工作的主要内容。如“不仅批判这种现存制度，而且还要批判这种制度的抽象继续”②。宣传必须与社会的发展进程从方向上保持一致，才能达到其最终目的。带着卑劣的目的以及脱离了事实的宣传只能归为“煽动”之流。马克思提道：“煽动家的词藻和权谋家的废话决不能使局面发生危机；日益迫近的经济灾难和社会动荡才是欧洲革命的可靠预兆。”③ 恩格斯说：“每一个人，只要不是闭眼不看任何煽惑的宣言和谋叛的告示，都不能像平凡而明显的历史事实那样起着革命作用。”④ 然而，宣传鼓动并非万金油，群众更看重具体的事实而非空话。正是基于此，马克思、恩格斯二人非常重视具体的现实事件，并希望借此推动社会主义宣传，以促使宣传从思想层面转为现实行动。恩格斯在

① 马克思恩格斯文集（第3卷）［M］. 北京：人民出版社，2009：479.
② 马克思恩格斯选集（第1卷）［M］. 北京：人民出版社，2012：8.
③ 马克思恩格斯全集（第9卷）［M］. 北京：人民出版社，1961：349.
④ 马克思恩格斯全集（第9卷）［M］. 北京：人民出版社，1961：37.

指导宣传运动时提道："无论是你们那儿，还是这里，而现在还有德国的煤矿区，单靠宣传，运动是不可能开展的。应当由事实来使人们信服。"① 马克思和恩格斯主张将宣传与周围的社会环境、具体的历史事件以及危机与机遇相结合，推动宣传运动的高涨，把握正确的社会发展规律。恩格斯批评了卡尔·海因岑那种脱离社会规律的、盲目的、肤浅的、毫无意义的宣传，只能是丧失了现实基础的空中楼阁，所以他批评道："海因岑先生在他的传单中除了进行训诫和说教以外，什么时候还做过别的事情吗？试问：不经过冷静思考，不了解也不顾忌实际情况，就声嘶力竭地向全世界发出革命号召，这岂不是太可笑了吗？"② 真正的宣传者要"从阶级运动的实际因素中去寻找自己的鼓动的现实基础，而非根据某种教条式的处方来规定这一运动的进程"③。由此马克思、恩格斯创造性地提出宣传要与时俱进，要适应社会环境，这也为天津市的基层宣传提供了方向。

二、列宁关于宣传工作的思想述要

列宁的宣传思想非常丰富，他的宣传思想传入中国后，对中国共产党早期宣传工作的开展起到了重要的指导作用。在列宁的著作中涉及宣传目的、宣传路径、宣传载体、宣传作用等。

（一）以普及先进理论为主的宣传目的

正确的革命理论是工人阶级确定斗争方法和活动方式的基础，只有以马克思和恩格斯关于科学社会主义的理论武装工人阶级，才能为其提

① 马克思恩格斯全集（第 37 卷）［M］. 北京：人民出版社，1958：348.
② 马克思恩格斯文集（第 1 卷）［M］. 北京：人民出版社，2009：660.
③ 马克思恩格斯选集（第 4 卷）［M］. 北京：人民出版社，2012：476.

供正确的指引。在革命过程中，如果宣传工作无法及时跟进，普通群众就会被蒙蔽，会影响到革命的大局。列宁批评了那些落后理论的宣传者，认为他们只是向后退，抓住一些零零碎碎的落后理论，不是向无产阶级宣传斗争的理论，而是宣传让步的理论，宣传对无产阶级的死敌、对不倦地寻找新花招来迫害社会主义者的政府和资产阶级政党让步的理论。只有正确的理论才能将工人阶级团结起来，给予他们正确的信念和行动的指南。列宁认为普及先进理论对工人阶级尤其重要，要“提高工人阶级对自身团结的认识，提高作为一个统一的工人阶级，作为全世界无产阶级大军的一部分对自己共同利益和共同事业的认识”①。只有使工人阶级了解了社会各阶级的构成以及之间的关系，了解了形成社会各阶级的根源社会经济制度，才能对自身所在阶级有正确定位，了解工人阶级的斗争对整个社会发展的意义。此外，为了普及先进理论，列宁主张宣传者要与工人阶级建立起紧密的联系，深入工人阶级内部，要主办工人易懂感兴趣的报刊，向其散发传单，从而更好地起到鼓动效果。此外，列宁认为马克思、恩格斯的理论提供了普遍的方法论指导，但是各国的情况不一样，英国不同于法国，法国不同于德国，德国又不同于俄国。因此列宁主张广泛讨论如何将马克思主义应用于俄国实践，“在我们的报纸上登载有关理论问题的文章，请全体同志来公开讨论争论之点”②。要应用于俄国实践，就必须将其与俄国实际情况相结合。正是基于此，列宁要求无产阶级政党要加强宣传，广泛宣传马克思主义，将先进的理论渗透到人民群众的意识之中，取得最广大群众的拥护。

（二）以灌输与鼓动为核心的宣传路径

列宁在积极探索宣传内在规律的基础上提出了“灌输理论”与鼓动

---

① 列宁选集（第1卷）[M]. 北京：人民出版社，2012：141.

② 列宁全集（第4卷）[M]. 北京：人民出版社，2013：161-162.

方法。他认为“阶级政治意识只能从外面灌输给工人，即只能从经济斗争方面，从工人同厂主的关系范围外面灌输给工人”①。列宁提出，在俄国的革命运动中需要将马克思主义理论作为指导，但这种先进的理论不会自动进入工人脑子里。列宁的“灌输理论”分为两个阶段，第一阶段是在俄国十月革命期间，列宁认为工人阶级的社会主义意识不会自发形成，尤其在无产阶级革命运动中，布尔什维克党党员应该深入到民众中，向各个阶级灌输先进理论；第二阶段是在十月革命胜利后，列宁发出号召，要把苏维埃国家的思想灌输到群众中去，在这一时期虽然已经成立了社会主义国家，但普通民众对自己所拥有的权利和利益还无法做到自我认知的程度，这就需要无产阶级对普通民众进行国家利益和民众利益的灌输。“先进工人在同无产阶级中比较落后的阶层接近时，也对他们灌输关于阶级斗争、社会主义、整个俄国民主运动特别是俄国无产阶级的政治任务的思想。”② 同时，鼓动也是经常出现在列宁著作中的宣传词汇。鼓动是使群众积极化的一种方法，列宁强调理论对鼓动的影响，他认为只有正确的理论上的判断，才能保证鼓动工作中的坚固成效。他反对把鼓动只归结为一种号召，而是将鼓动与解释结合起来，认为鼓动的有效性基于正确的解释工作。正是通过以灌输为基本路径的宣传鼓动，俄国无产阶级在革命过程中获得了大批工人阶级的支持，并最终取得了十月革命的胜利。

（三）报纸与刊物并重的宣传载体

为了普及先进理论，从思想上给布尔什维克党以指导，列宁高度重视创办报刊，并将创办党的机关报称为“迫切的问题”③。“我们需要

---

① 列宁选集（第1卷）［M］．北京：人民出版社，2012：363.
② 列宁选集（第1卷）［M］．北京：人民出版社，2012：141.
③ 列宁全集（第4卷）［M］．北京：人民出版社，2013：170.

报纸，没有报纸就不可能有系统地进行有坚定原则的和全面的宣传鼓动。”① 只有通过报纸，才能传播思想、进行政治教育和吸引政治同盟军。“报纸可以比作脚手架，它搭在正在建造的建筑物周围，显示出建筑物的轮廓，便于各个建筑工人之间进行联络，帮助他们分配工作和观察有组织的劳动所获得的总成绩。”② 他认为要给地方工作提供整体的指引，“只有创办全党机关报，才能使社会民主党宣传和鼓动的内容更加广泛和更加深刻”，“只有把全党机关报创办起来，才能使革命事业中做局部工作的人意识到他是在步伐整齐的行列里前进，他的工作直接为党所需要”③。因此，办好全党机关报，高举正确的理论旗帜，可以将无产阶级团结起来，并将进步的力量吸引过来。对于报刊的内容，列宁提出报刊应该将科学社会主义的普及作为主要的方向，以此激励工人不断学习和进步。他不赞同有人提出的报刊应降低普及内容的理论性，以适应广大工人的文化水平的观点。“报纸如果想成为全体俄国社会民主党人的机关报，它就必须具有先进工人的水平；它不仅不应该人为地降低自己的水平，反而要不断提高自己的水平。”④ 只有这样，才能符合工人阶级和进步分子的需求，同时激励中等水平看不懂党报文章的工人积极地不断提升自己、了解政治动态、掌握科学理论。列宁在创办党报《火星报》和党刊《曙光》时，还专门对报纸与杂志的分工进行了定义：“杂志主要是宣传，报纸主要是鼓动。”⑤ 正是因为列宁对报纸与杂志在宣传鼓动中所起的作用有明确区分，在之后的工作中才能有针对

---

① 列宁全集（第5卷）[M]. 北京：人民出版社，2013：6.
② 列宁全集（第5卷）[M]. 北京：人民出版社，2013：8.
③ 列宁全集（第4卷）[M]. 北京：人民出版社，2013：173.
④ 列宁全集（第4卷）[M]. 北京：人民出版社，2013：235.
⑤ 列宁全集（第4卷）[M]. 北京：人民出版社，2013：287.

性地引导相关工作，以便在人民群众中有效普及科学社会主义理论。

（四）党要发挥宣传主导作用

如何发挥宣传工作的最大效力，尤其是如何更好地对马克思主义开展宣传工作，在当时面临着摸着石头过河的困境。列宁认为要向更广大的人民群众进行宣传鼓动，执政党必须有系统地进行宣传工作，如印发传单等，通过宣传说明革命的无产阶级正在为社会主义而斗争，而且这种斗争是非常有必要的，是以人民群众的利益为核心的。执政党在宣传时，要“组织党的一切支部，特别是组织青年团体开展散发传单的公开竞赛，在大街上挨家挨户地进行鼓动工作；更加重视和加强对农业工人、雇农、短工和贫苦农民的鼓动工作”①。他进行了多次实践的尝试。在十月革命中，面对复杂的形势，为了团结无产阶级，只有强调执政党在宣传工作中的领导地位，才能迅速将正确的理论传递给广大群众。十月革命胜利后，为巩固红色政权，只有不断加强执政党对宣传的领导，才能凝聚起全国的普通民众，进而为维护红色政权而奋斗。

第二节　中国共产党宣传工作的理论发展

在中国传统政治体制中，几乎不存在现代宣传的受众。中国的改朝换代很少涉及大规模的大众政治动员，最多限于对职业军人或政治精英的鼓动。在中国早期从事宣传工作的政治家中，无论是梁启超还是孙中山，都痛感中国缺乏合格的宣传对象。能够识字并接受外来观念鼓动的，基本只限于精英阶层。广大中下层民众则普遍对政治参与比较冷

① 列宁全集（第28卷）[M]．北京：人民出版社，2017：210.

漠，很少直接影响政治进程。因此，中国共产党在革命早期首先要做的，就是唤醒大众，制造宣传对象。中国共产党在基层所开展的宣传工作对革命的成功起着促进作用，在不同的革命斗争阶段，宣传工作重点各不相同，但总体上呈现出递进式发展的特征，在血与火的洗礼中，中国共产党的基层宣传工作不断总结经验，逐步走向成熟。

一、“组织工农劳动者宣传共产主义”

中国共产党关于基层宣传的理论一开始深受俄国对社会主义理论解读的影响，这是中国了解马克思主义的重要渠道之一，但由于中俄两国国情的不同，中国共产党在宣传内容、宣传方式上均是借鉴与探索同行。

（一）中国共产党对基层宣传工作的探索

中国共产党对基层宣传工作的探索内容不仅包括对马克思主义的宣传，还包括对路线、方针、政策的普及。一是对马克思主义进行宣传。中国对马克思主义的介绍最早可以追溯到 19 世纪末，马克思最早出现在英、美等国基督教的传教士创办的《万国公报》上。1902 年，中国资产阶级知识分子梁启超在文章中介绍马克思为社会主义的泰斗。1917 年 10 月，俄国十月革命取得胜利，苏联共产党的成功向世界展示了马克思主义的革命性、实践性。当时的中国恰逢新文化运动发展的关键时期，中国先进知识分子正在艰难地比较和鉴别各种各样的新思想、新学说。俄国十月革命的胜利使中国先进知识分子认识到马克思主义的伟大，他们投入到宣传马克思主义和十月革命的热潮中去，坚定地认为要解决中国的问题就必须“走俄国人的路——这就是结论”①。五四运动

① 毛泽东选集（第 3 卷）[M]. 北京：人民出版社，1991：1360.

之后，马克思主义宣传迎来一个高潮，其传播范围从少数进步知识分子阶层逐渐扩大到进步青年学生和知识分子，再到广大工人和劳动群众中，宣传对象从精英分子走向基层劳动群众。马克思、恩格斯、列宁的名字为广大群众所知晓。在这个时期对马克思主义宣传的核心内容集中在初步向中国的政治分子及工人介绍科学社会主义的理论构成，以及中国的无产阶级与世界无产阶级革命之间的关系。二是对路线、方针、政策进行宣传。中国先进分子坚定地选择了马克思主义后，他们意识到要用马克思主义来分析中国社会现实、指明中国革命前途，并注意向广大群众宣传普及。中国共产党早期领导人认识到，“共产党的任务是要组织和集中这阶级争斗的势力，使那攻打资本主义的势力日益雄厚。这一定要向工人、农人、兵士、水手和学生宣传，才成功的”①。为此，党对基层宣传工作的探索工作主要围绕党的路线方针政策展开，解释党与工人阶级的关系，阐明阶级斗争与民族革命的相互关系及职工运动的阶级性，并集中向广大工农群众宣传中国现实问题及革命前提，使他们认识到中国政治状况及时局变化的意义，引导他们认识工农的阶级属性及历史使命，组织他们由日常生活斗争到政治斗争、加入革命，最终使他们初步明白中国革命的路线、方法。

这一阶段，中国共产党通过多种宣传途径以马克思主义改造工人阶级的思想，使其了解自身的阶级立场与阶级使命，认识到自身被压迫被剥削的现状及原因，从而引导其积极抗争，推动了中国工人运动的发展。主要宣传途径如下：一是以报刊、文章为载体进行宣传。李大钊、陈独秀是党早期的领导人，也是中国最早的马克思主义宣传者，初期他们通过连续写文章、翻译介绍马克思著作的方式将马克思主义理论引入

① 中国社会科学现代史研究室，中国革命博物馆党史研究室．“一大”前后：中国共产党第一次代表大会前后资料选编（一）［G］．北京：人民出版社，1980：3.

中国。五四运动以后，关于社会主义的宣传开始蓬勃发展起来，全国各地宣传马克思主义的报刊如雨后春笋，这一阶段的进步刊物有 400 余种，不仅数量多，且根据宣传对象的不同有极强的针对性。如这一时期的《新青年》《共产党》《妇女声》《少年》等受众群体鲜明的刊物。这些进步刊物均由理论水平较高的宣传者主编，不仅能够及时向大众介绍国际局势，还能深入浅出地分析中国的现状及出路，在这一时期党的宣传工作中起主导作用，受到读者的广泛认可。再如 1919 年 7 月 14 日，毛泽东同志主编的《湘江评论》在湖南长沙创刊，目的就是通过刊物宣传马克思列宁主义关于无产阶级革命和无产阶级专政的学说，介绍俄国社会主义革命的成就和经验，不断地宣传劳农革命。周恩来同志在天津参加并领导了天津爱国群众的反帝斗争，主编了《天津学生联合会报》，这类报刊在当时成为基层宣传的坚强阵地。二是成立工农组织进行宣传。中国共产党在基层宣传过程中，根据工农不识字、识字不多的现实问题，切实调整宣传方案，组织党员和进步青年在工人比较集中的地方创办各种形式的工人文化组织，向工人阶级系统地宣传马列主义，使他们认识到自己贫困的根源和解放全人类的历史使命，提高其阶级觉悟，从而把千千万万的工人发动起来，为实现自身的解放而斗争。如 1921 年，北京进步知识分子邓中夏等人在长辛店成立劳动补习学校，目的是向工人宣传革命的道理。毛泽东等人也在湖南长沙成立工人夜校，向工人宣传革命的道理。一时之间，各地的识字班、补习学校、工人俱乐部等相继成立。各地还依托农会建立起宣传部，采用农民喜闻乐见的方式进行宣传，如开演讲大会、排戏演出、组织民歌大赛等，取得了不错的宣传效果。党在这个时期成立的文化组织不仅有效提升了工农的识字水平、思想意识，也保障了基层宣传工作的有效开展。三是党员深入基层进行宣传。党在这一时期广泛发动共产党员和青年学生“到民间去”，到工农群众中去，与工人、农民同吃同住，赢得群众的信任，寻找群众易于接受的宣传方式将党的主张深入到群众心中，从而使群众发自内心地认可中国共产党。当时比较有代表性的长辛店工人俱乐部，邓中夏等人在俱乐部定期举办演讲会，以通俗易懂的语言向工人宣传什么叫政党、为什么工人要有自己的政党、马克思主义学说的主要内容和它与工人运动的关系等。当时对农民宣传做得比较好的地区就是广东的海陆丰地区和浙江的萧山地区。如中共党员澎湃在海陆丰地区进行宣传工作时，为了更好地向农民宣传，他与农民同吃同吃、一起务农，这不仅打破了与农民的思想隔阂，也能更加了解农民的现状与需求，从而有针对性地进行宣传。如他在田间教农民唱红歌，农闲时将地主对农民的剥削以身边的事例演绎讲述，从而号召农民起来革命，建立社会主义社会，这样的宣传途径迅速获得了农民的认可。

（二）中国共产党基层宣传的探索经验

中国共产党对基层宣传工作边开展边调整，在这一时期主要积累了如下经验：一是因人而异开展宣传，切忌教条主义。如当时群众中不识字、不善听纯粹理论的情况较为普遍，对此党组织了一系列工人补习班、农民识字班，根据宣传对象的接受能力将宣传内容简洁化、通俗化，宣传中避开专用名词，使用群众易懂的语言。针对工人宣传时，从实际问题中灌输简明的理论知识和编辑浅显的小册子，借助定期识字学校、临时演讲等形式及时宣传。结合农民身边的真人真事用易懂的语言讲述国际国内局势，针对农民宣传时多用描述故事的方式为群众解说国内外大事。二是实事求是开展宣传，切忌假大空。在基层宣传中了解宣传对象的生活，从中寻找宣传材料，找那些可以证明宣传理论的例子，如结合工人身边的事例，结合农民周边的县市情况去阐释世界、中国局势。三是因地制宜开展宣传，切忌一刀切。当宣传内容与宣传对象原有的价值观产生冲突时，不可采取直接、简单的方式否定，如在农村进行宣传时若将所有的传统习惯都“一刀切”，一律按封建迷信待之，会引起农民的反感与误会。此等宣传最好是用文艺表演等方式，引导其自觉纠正。四是多渠道开展宣传。及时创办报刊组织，创办画报之类的画刊。在没有工会的地方设立工人俱乐部，务必使一般普通工人，甚至没有加入工会、比较消极的群体也能感受到宣传。另外，多选一些积极分子，教他们到群众中去进行口头宣传。

通过这一时期的宣传，中国共产党的宣传阵地不断扩大，进一步宣传了马克思列宁主义和中国共产党的革命主张，提高了人民群众的革命觉悟，促使更多的人投入革命运动。党也在这一时期的工作中，深切体会到基层宣传工作的重要性。

二、“宣传群众、组织群众、武装群众”

随着“农村包围城市、武装夺取政权”的提出，党的宣传工作随着革命道路的转变发展得更加完善。

（一）中国共产党基层宣传思想的进一步发展

中国共产党基层宣传经过探索期不断发展，党的宣传内容聚焦于发动群众、组织群众，激发群众武装抗争的革命热情。大体上分为以下几点。

一是宣传土地政策，积极发动群众。这一时期宣传工作的内容以中央指示的核心工作为主。中央指示：红军的基本任务是发动群众斗争，实行土地革命。随着各革命根据地的建立和发展，土地革命在各地先后展开，党通过组织诉苦会、出布告、刷标语、演戏剧等形式积极进行宣传，向农民宣传土地政策，讲清地主阶级对农民的剥削，农民有了土地，才能摆脱被地主阶级压迫和剥削的局面。地主阶级对农民的剥削持续了几千年，这时候只有做好宣传工作，才能解除农民的顾虑，激发其抗争精神。土地革命为党领导武装斗争做了充分的舆论准备。长征期间，由于党的宣传普及，沿路都有群众加入革命队伍，对此，党及时在军队中设立政治部巡视员，团级设立帮营员和连级指导员，有针对性地向群众普及党的立场和主张。因此，毛泽东同志说："长征是宣言书，长征是宣传队，长征是播种机。"① 广大农民被党宣传动员起来，紧密团结在党的周围，将革命进一步推向前进。

二是加强党内和军队的思想建设。中国共产党高度重视对军队的无产阶级思想的教育和领导。古田会议后，党和红军的思想建设成为核心工作，即将党建设成为以马克思主义为指导的革命政党，将军队建设成为接受党的绝对领导的革命军队。由此，党和军队的关系被进一步明确，军队必须服从党的领导，必须全心全意为党的路线、纲领而奋斗。也是基于此，军队的纪律与政治工作被进一步加强，毛泽东同志为工农革命军制定了三大任务，即打仗消灭敌人；打土豪、筹款子；宣传群众，组织群众，武装群众。之后又相继制定了三大纪律、八项注意。在对待敌军工作上，也制定了瓦解和争取俘虏的工作原则，如不能搜捡俘虏身上的钱和一切物件、不能给俘虏以任何语言上或行动上的侮辱、不愿意留下的发放路费让他们回家、为其医治伤病等，有效的思想教育使工农革命军在群众中建立起良好的正面形象。

（二）中国共产党基层宣传取得进一步发展的经验

中国共产党的基层宣传思想不断发展，党意识到完善宣传工作组织

① 毛泽东选集（第1卷）［M］. 北京：人民出版社，1991：150.

机构的迫切性。在中央革命根据地，乡、村大都建立了宣传组织，“每乡一宣传中队，7人，一个队长。每村一宣传小队，大村5人，小村3人”①。乡村宣传队除经常向群众进行宣传活动外，还专门研究宣传材料和宣传方法，以使群众对党的方针、政策、中心任务容易了解和接受。为落实宣传责任，提高宣传效率，党组建了专门的宣传队伍。开展革命根据地斗争的同时建立宣传兵制度，凡军队每一个机关均派5人担任宣传工作。军队中设立政治部巡视员，团级设立帮营员和连级指导员，专职从事宣传工作。宣传队在武装斗争的同时，通过宣扬红军的先进事迹、揭露国民党军队反动本质等对比宣传，使更多人民群众支持参加红军，扩大了红军的群众基础。

《共产党在国民党内的工作问题议决案》将宣传摆到重于组织的地位，夸大了宣传的作用。一些党的领导人更是把宣传的作用夸大到很不恰当的地步。正是因为过分扩大了宣传的作用，从而轻视组织工作、武装斗争，这使得党的宣传鼓动工作一度陷于停顿。然而之后，党的工作中又出现了重武装斗争、轻宣传工作，或重宣传工作、轻组织工作或者相反的现象。尽管如此，中国共产党的宣传工作取得的进步仍然是惊人的，其初步形成了“一个中心，两个基本点”的宣传路线，即：以发动武装斗争为中心，以党内教育和党外动员为两个基本点，逐步形成了较为完善的党的宣传工作流程。中国共产党对基层开展的宣传工作，使得党的主张、政策、方针深深扎根在广大农村地区，为中国革命胜利做出了巨大贡献。中国共产党领导的红军在革命途中广撒宣传种子，队伍行进到哪里，党的宣传工作就做到哪里，这使党的政策、主张开始普遍扎根于革命区群众的心中。

---

① 毛泽东农村调查文集［M］. 北京：人民出版社，1982：329-330.

三、“对共同思想进行联合，对敌对思想进行斗争”

林之达认为：中国共产党在政治与军事发展的转折点是遵义会议，而其宣传工作成熟的标志是中宣部 1941 年制定的《党的宣传鼓动工作提纲》等一系列文件。① 《提纲》中提出，当前的宣传鼓动工作包含两个方面，即“对共同思想进行联合，对敌对思想进行斗争”。中国共产党以此为主题，宣传思想逐渐成熟。

（一）中国共产党基层宣传思想的完善

面对日本法西斯势力的侵略，中华民族到了生死存亡的危急时刻，中国共产党面对特殊的历史使命，其宣传工作发挥出巨大的能量，宣传思想不断完善。

一是呼吁全国上下一致抗日。宣传鼓动工作，在党的整个工作中占有极重要的位置。只有广泛地普及，才能激发群众的斗争热情，有效组织发动群众。为了使全国人民了解日本侵略者的本质，激发人民抵御侵略的热情，坚定抗战到底的信心，形成全民抗战的局面，就必须做好鼓舞全国上下一致抗击日本侵略者的宣传工作。抗日战争爆发后，中国共产党以抗击日本侵略者为中心展开宣传鼓动工作，七七事变第二天，中共中央公开发电疾呼，号召全国人民一致抗日、抵御外辱。同年 8 月，通过了《中共中央关于目前形势与党的任务的决定》和《抗日救国十大纲领》，强调大力开展动员民众的宣传工作。次年 5 月，毛泽东同志写出《论持久战》，提出“四万万人一齐努力，最后胜利是中国的”②。中国共产党不仅在政策、文件指示方面号召抗日，还将新四军、八路军

---

① 林之达. 中国共产党宣传史［M］. 成都：四川人民出版社，1990：206.

② 毛泽东选集（第 2 卷）［M］. 北京：人民出版社，1991：440.

队伍中抗击侵略者的真人事迹收集起来进行宣传，同时也将侵略者烧杀、抢掠、奸淫的事实编成宣传素材联合被害难民各处宣传。

二是统一思想对党内进行教育宣传。党提出要实行“独立自主的山地游击战”，以分散兵力发动群众、创造根据地为主。宣传工作的主要内容为，大量的理论研究和深入细致的思想教育工作相结合，这统一了部队思想，实现了战略的转变，取得了全党在指导思想与实际行动上的一致性。强调军队政治工作仍旧是党的重要工作。同时确立了坚定内部官兵信念、瓦解敌军俘虏意志的宣传方针。之后开始着力提升部队官兵的政治文化水平。当中国抗日战争进入困难阶段，根据局势变化，党的宣传工作开始围绕党内制定的“十大政策”开展工作，其宣传工作已进一步完善成熟。

三是强化党外宣传，建立和巩固党的统一战线。首先，中国共产党不断加大对友军、伪军和日军的宣传，从而壮大抗日队伍。中国共产党通过参观、联络联欢等方式在国民党队伍中进行大力宣传，以丰富直观的宣传途径改造他们的思想。与此同时，中国共产党还同步开展了对日伪军的教育、感化工作。这类宣传以散发传单、文字图画宣传、报纸、口头宣传等形式进行，同时也在伪军中开展策反工作。其次，中国共产党积极动员社会各级投身抗日救亡的活动。各民主党派与民主人士，实业界与文艺界代表等有着极为重要的地位，党非常重视对他们的宣传工作，积极帮助、引导和鼓励他们救国救民。在党的宣传引领下，众多文艺界的著名民主人士团结在党的周围，发挥着抗日宣传队的作用。再次，党积极宣传动员海外侨胞支持抗日战争。面对中国的紧张局势，很多海外侨胞心系祖国，他们希望在抗战中贡献自己的力量，但缺乏有效的途径和有力的组织。中国共产党对这部分侨胞进行了组织和引领，不仅向他们介绍国内抗战的现状，号召他们积极行动，为他们提供帮助和建议，也向他们指明抗战胜利的前途，坚定他们竭尽所能抗战的信心。

可以说，正因为中国共产党出色的宣传工作，推动了中心工作任务的完成，为全党、全国人民从战略上藐视敌人奠定了理论基础，积累了大量基层宣传的工作经验。

（二）中国共产党在宣传工作不断完善中取得的经验

当党的宣传战略和策略逐渐趋于成熟后，党随即制定出一条正确的宣传战略和策略，对基层宣传工作进行了全方位的规范。正确处理共产主义思想的宣传与新民主主义革命行动实践在宣传上的不同侧重点，开始有效反击长期以来的舆论攻击，这是党的宣传工作在不断完善中形成的历史经验。

中国共产党在长期斗争的过程中发现，只有科学的真理才能驳倒敌人的造谣污蔑，只有遵循有理、有利、有节的原则才可以击败敌人的蛮横的指责、辱骂从而获得公众的同情。中国共产党不仅对宣传的地位和作用有了正确的认识，而且制定了正确的宣传战略、宣传原则，不仅正确地划定了宣传部的职责范围，而且能熟练地运用一套精巧灵活的宣传策略和宣传战术，在矛盾错综复杂的宣传斗争环境中应付自如，取得一次又一次宣传战役的辉煌胜利。这一切都有力地说明，中国共产党不仅在宣传理论上成熟了，而且在宣传实践上熟练起来了。

中国共产党在宣传工作中坚定了宣传中的党性。党在宣传工作中，历来注重坚持无产阶级的党性，必须无条件宣传中央的路线和政策，各地区党的宣传工作，必须做到全党服从中央党性。中国共产党强调领导负责制，中央三令五申，再三强调领导同志要认真负责，如果放弃领导或者抓得不紧，必然造成“宣传工作极不严肃”的局面。另外，党始终强调宣传工作要站在人民立场，要贯彻党的群众路线，为人民利益坚持好的，为人民利益改正错的。加强学习、增长知识、提高宣传业务水平，建设一支有战斗力的宣传队伍。

中国共产党对基层宣传工作不断探索，宣传策略更加灵活多样、宣传工作更加成熟、宣传经验更加丰富，这为党的宣传工作的成熟与灵活运用奠定了坚实的基础。

第三节　近代以来天津社会概况及分析

近代历史上的天津是北方最大的工商业城市以及金融商贸中心，在国际上具备一定的知名度，但同时天津也是一个半殖民地半封建性质的城市，市内租界林立，多个资本主义国家势力大举渗透，城市社会经济结构复杂。1949 年后，天津城市性质、社会思潮、民众心态发生了巨大变化，社会存在决定社会意识，这些变化对天津市基层所开展的宣传工作提出了新的任务。

一、天津城市近代化发展的多重变奏

天津自古以来就是中国北方重镇之一。明永乐二年（1404 年）设卫筑城是天津城市发展的起点，1860 年第二次鸦片战争后开埠通商开启了天津城市的近代化历程。开埠之后的 1860 年至 1945 年期间，天津因东临渤海、扼守京畿的特殊地理位置备受帝国主义关注，各国列强接踵而至，抢占地盘、强划租界，由此天津逐渐成为半殖民地半封建性质的城市。1949 年 1 月 15 日天津解放后，中国共产党顺利接管天津，迅速采取恢复生产、稳定物价、构建金融秩序、促进贸易等一系列卓有成

效的措施，使天津由半殖民地半封建城市转变为人民民主城市。

（一）鸦片战争：天津发展变奏的起点

临近20世纪，早已腐朽衰败的大清王朝接连遭遇了两次鸦片战争、甲午中日战争、八国联军侵华等一系列致命打击，中华民族也日益沉入半殖民地半封建社会的深渊。在这种背景下，天津的重要性和特殊性凸显，“区区虽为一隅，而天下兴废之关键系焉”。1840年6月，中英鸦片战争爆发。英舰队沿海岸线北上，“封锁大沽海口，进犯天津，威胁北京，以武力胁迫清政府屈服”，清政府以“查办林则徐”为条件才令英舰队退出大沽口南返，史称“白河投书”。此次对峙虽然未有武力冲突，但却是第一次鸦片战争的关键环节，清政府卖国求安的卑劣立场助长了外国侵略者的嚣张气焰。随后的1858年、1859年、1860年英法侵略者三次自大沽口入侵天津。1860年4月，英法联军占领天津，10月强迫清政府签订《北京条约》，强行将天津辟为通商口岸。12月10日，天津正式开埠，从此由传统的封建性城市逐步演变为不断滋长新的生产力和新的生产方式的半殖民地城市，也成为外国列强在中国倾销商品、掠夺原料、输出资本的重要基地。

两次鸦片战争之后，英国、法国、美国在天津强划租界，其后多次扩张；甲午中日战争之后，德、日通过向清政府索要特权在天津设立租界；1900年八国联军入侵天津后，奥匈帝国、意大利、俄国、比利时争先恐后霸占土地，划定租界。这9个国家先后在天津强设了近15平方公里的租界地。抢占租界的国家之多，划分地域的面积之大，在世界近代史上都实属罕见。租界是完全独立于中国行政和法律之外的“国中之国”，列强们在此设立领事馆、驻扎军队、控制海关、开办洋行，利用天津的港口优势通商谋利，这一时期天津的对外贸易总值达到了全国的10%以上，占华北总额的45%~60%。天津成为我国北方最大的外贸口岸和工商业中心、金融和经济中心。然而，正如马克思所说，掠夺是一切资产阶级的生存原则。列强利用坚船利炮打开中国的国门，绝不是为了传播福音。天津成为沟通世界资本主义市场体系的口岸，但也正因为如此，帝国主义在这里进行了全方位的剥削和掠夺，租界成为其侵略中国、欺压中国百姓的据点和桥头堡。

表1-1 各国租界面积统计①

国别	设立年份	最初面积（亩）	扩张面积（亩）	总面积（亩）	备注
英	1860	460	5689	6149	不包括佟楼以南赛马场一带
法	1860	360	2476	2836	不包括东局子法国兵营
美	1860	131		——	1902年并入英租界
德	1895	1034	3166	4200	
日	1898	1667	483	2150	不包括非法侵占的六里台一带
俄	1900	5474		5474	
意	1901	771		771	
奥	1901	1030		1030	
比	1902	740.5		740.5	不包括预备租界
总计23350.5亩					

天津被殖民地的程度更深，天津人民受到的压迫也更深，在这个过程中，天津人民的反抗意识被激起，其中著名的事件就有1859年大沽人民支援炮台守军抵抗英、法侵略者入侵的斗争；1870年反抗法国殖民主义者宗教压迫，火烧望海楼的斗争；1900年义和团反帝爱国斗争

① 杨大辛. 天津的九国租界［M］. 天津：天津古籍出版社，2004：21.

等。天津创作了火烧望海楼的戏剧，还用诗歌、泥塑、木刻、绘画等形式进行歌颂；民歌手李老显编演了《火烧河楼》快板书，一直流传至今。虽然这些抗争因领导阶级的局限性均告失败，但天津人民不屈不挠的抗争打击了侵略者的嚣张气焰，体现了天津人民抗御外辱的爱国主义精神。

（二）天津的“洋务”建设

19世纪末，资本主义列强的入侵和太平军、捻军等农民起义军的冲击使清政府的统治内外交困，以李鸿章为代表的洋务派官僚主张模仿西方的做法“富国强兵”，开始了“师夷长技以制夷”的改良运动。他们以“中学为体、西学为用”为指导思想，主张引进西方先进生产技术，通过发展工商业来强兵富国，维护清王朝的封建统治。

天津临近北京，又是海港都市、通商口岸，很快便成为北方洋务运动的中心。迂腐怯懦的清政府为了避免在北京与洋人打交道，以天津作为对外谈判、订立条约的外交据点；同时因“购料制造，不为费手”，李鸿章选择天津作为洋务运动的建设基地。天津的城市政治功能达到了历史的最高点。

洋务运动的兴起使天津成为中国军事制造工业、新式海军、煤矿、铁路、电信邮政和新式学堂的发源地。李鸿章作为中国近代军事工业的拓荒者，不仅接管、扩大了天津机器局的生产规模，还在此设立北洋海军营务处、大沽船坞和天津水师学堂，组建了北洋水师这支亚洲最强大的海上军事力量。除此之外，李鸿章还兴办了开平矿务局、开平铁路局、天津电报局等，开创了庞大的企业体系，奠定了天津近代工业的基础，天津的民族工业在20世纪初持续快速发展，1911年前后，天津的各类民族资本企业已达到了107家，所涉及的门类近20种，形成了较大的规模。天津经济的发展也强化了其交通枢纽的地位。开埠以前，北方货物运输主要是以人、畜和风为动力的内河、沿海水运。信息的传播也主要通过传统的邮驿系统来维持。李鸿章在天津修建的铁路、船坞与电信等交通传输系统，完成了天津近代交通运输体系的第一次换代性改造。进而天津开办的各种新式学堂，对打破封建文化的桎梏、传播近代科学文化知识、培养我国最早的科学技术人员，也起到了一定的积极作用。

天津的洋务建设既奠定了天津近代工业的基础，形成了以天津为中心的北方工业体系，推动了中国的工业化进程，同时也为天津的城市发展、转型做出了开创性、奠基性的贡献，在此基础上的发展使天津在20世纪30年代一跃成为仅次于上海的中国第二大工业城市，奠定了天津在北方城市中的关键地位。

（三）百日维新

天津是北京的门户、南北水陆交通枢纽，维新运动后受到很大影响，成为北方维新运动的重要地区。在变法维新思潮的影响下，天津掀起了办报纸、设学会、建学堂的热潮，到光绪二十四年（1898），天津发行的进步报纸就有20余种。最引人注目的是建学堂。建立的主要学堂有：北洋西学堂（即后来的北洋大学）、天津育才馆、俄文馆、矿务学堂、芦汉铁路学堂、严氏家塾等。而且在学校体制、教学内容和考试制度等方面，也都进行了改革。此外还派学生赴日留学，学习新技术。维新派被镇压后，新政全面被禁止，天津又重新恢复旧制，《国闻报》等被查禁，各学会被迫停止行动。

严复在《直报》上发表了多篇文章，向国人介绍达尔文及其进化论观点，全面阐发自己的救国理论，从民力、民智、民德方面提出禁鸦片、禁缠足、废八股、倡西学、设议院和公民选举等救国措施；大胆攻击几千年来传统的封建政治，鲜明地提出了“主权在民”的资产阶级民权思想；立柱抗日，反对议和，提出“中国不变法则必亡”的论点；译述《天演论》，用进化论所阐发的“物竞天择，适者生存”原理，反对顽固派和洋务派的守旧思想。严复还在天津创办俄文馆并兼任总办，培养俄文翻译人才；积极帮助维新人物张元济在北京创办通艺学堂，培养维新人才。戊戌变法失败后，严复除在水师学堂从事教学外，把主要的精力都用于翻译西方资产阶级思想家的著作上。

他们虽然做了一些改革的努力，但是由于历史条件的限制，他们多是学习西方的旧民主主义者，追求资本主义共和国，没有找到解决中国问题的根本出路。

（四）北洋政府统治

清王朝的统治持续了 267 年，末代皇帝溥仪于 1911 年宣布“退位”，中国进入军阀混战的北洋政府时期。此时天津因其北方的经济和对外贸易中心的地位，成为帝国主义在华势力的重要据点和北洋军事集团的大本营，“北京前台、天津后台”的政治局面开始形成。

北洋政府从 1912 年建立到 1928 年垮台，共 16 年。其间各派系军阀争权夺势，政局动荡、战乱频繁，共换了 15 个总统（代总统）和 46 个内阁总理。这一时期，前清遗老、军阀政客、富商大贾及西方国家的各种代理人都云集在天津租界，以津为活动舞台和寓居之所，谋划操纵着中国的历史走向。据统计，当时寓居天津的总统、总理级人物就有 18 人之多。退位皇帝溥仪也曾居津多年。天津成为北京的“政治后院”。

这一时期，北洋军阀的各级地方政府的一切，均以军阀割据的需要为准绳，各种制度、规章、组织机构的出现和消灭，各种人物的上台下台，基本与此相关。地方政府成为一个军阀刺刀指挥下的政府。天津也

表 1-2 北洋政府统治时期寓居天津的总统、总理级人物

序号	姓名	生卒年	祖籍	任职时间	职务	在津寓所
1	袁世凯	1859—1916	河南项城	1912—1913	中华民国临时大总统	英租界达文波道寓所、河北区地纬路花园公馆、奥租界金汤二马路楼房
				1913—1916	中华民国大总统	
2	黎元洪	1864—1928	湖北黄陂	1912—1913	中华民国副总统	1912 年购英租界盛茂道寓所;1917 年修建德租界威廉街寓所
				1916—1917	中华民国大总统	
				1922—1923	复任大总统	
3	徐世昌	1855—1939	天津	1918—1922	中华民国大总统	英租界咪哆士道;英租界牛津道
4	曹锟	1862—1938	天津	1923—1924	中华民国大总统	河北区五马路“曹家花园”;英租界盛茂道;英租界达克拉道;意租界二马路
5	冯国璋	1857—1919	河北河间	1917—1918	代理大总统	奥租界二马路与河沿马路交会;河北区宇纬路与四马路交口
6	段祺瑞	1865—1936	安徽合肥	1924—1926	行总统职权	日租界宫岛街
7	唐绍仪	1860—1938	广东香山	1923	内阁总理	曾在天津居住,寓所不详
8	朱启钤	1874—1962	贵州紫江	1912	北京政府交通总长兼代国务总理	英租界马场道
9	赵秉钧	1859—1914	河南汝县	1912	国务总理	于天津任直隶都督时署址在东北角一带

续表

	姓名		祖籍	任职时间	职务	在津寓所
10	熊希龄	1867—1937	湖南凤凰	1913	国务总理兼理财政	曾在天津居住，寓所不详
11	王士珍	1861—1930	河北正定	1917—1918	国务总理兼陆军总长	曾在天津居住，寓所不详
12	龚心湛	1871—1943	安徽合肥	1919	财政总长兼代国务总理	和平区重庆道 64 号
13	靳云鹏	1877—1951	山东济宁	1919—1921	两次出任国务总理	英租界 15 号路；英租界 42 号路
14	颜惠庆	1877—1950	上海	1924—1926	两次出任国务总理	曾在天津居住，寓所不详
15	张绍曾	1880—1928	河北大城	1923	国务总理	和平区河北路 334 号
16	贾德耀	1880—1940	安徽合肥	1926	国务总理	曾在天津居住，寓所不详
17	顾维钧	1888—1985	江苏嘉定	1926	代理国务总理 兼外交总长	和平区河北路 267 号
18	潘复	1883—1936	山东济宁	1927	国务总理	英租界马场道东头与南京路交口

（此外，溥仪也于 1925—1929 年居于天津张园、静园两处。）

不例外，1912 年，天津撤销县的建置，保留府；1913 年，又撤销天津府，重建天津县。频繁的建置改变体现了各方势力对天津辖权的争夺，导致天津地方政府职能混乱，地方各处的权力被稀释。“天津县通商口岸，与他州县不同，警备公所虽系全省警察机关，亦不能不兼理天津地面之事。即就警察而言，外州县巡警由地方管辖，警道处于简介地位，天津地面巡警、警道则处于直辖地位，地方官无管理之权。”①

地方政府腐败无能、横征暴敛，人民受害最大、最直接。在军阀控制下的各级地方政府的主要任务是搜刮民财，以供军需和军阀头目贪污自肥。他们采取种种聚敛办法：首先对国家法定的地方税提高税率，扩大征收；其次是截留国税、田赋、盐税等；最后便竞相巧立名目，巧取豪夺，以致苛捐杂税与日俱增。除了有名义的税赋外，还对利润较大的企业敲诈勒索，要挟其每年向地方政府缴纳一大笔钱，名为“报效”。比如商电车公司，按每年公司毛利定出不同的“报效”比例，凡年毛利在 200 万元以上的，就按 30%提取。除苛捐杂税以外，北洋军阀还采取公开卖官、强制发行公债和军用票等方式敛财。1924 年第二次直奉战争后，直系军阀李景林占领了天津，在一年多的时间里，就派警察强迫各工商企业“购买”市政公债 300 万元。同时还印刷了军用票 500 万元（军用票是军阀自行印制的不兑现的纸币，以武力强行在自己占领区流通，当其战败逃跑后，这些军用票如同废纸，一文不值）。直系军阀吴佩孚入津后，则是强令天津商会会长卞月庭筹集钱物犒劳军队。卞月庭被迫向商会所属各行业摊派，仅银行、钱号、面粉等 10 个行业就分摊了 8 万元。当年还发生了军阀李景林采用绑架等手段勒索爱国商人、国货售品所经理宋则久 4 万元的事件。

---

① 郭凤岐. 天津的城市发展［M］. 天津：天津古籍出版社，2004：153.

军阀横征暴敛，搜刮民财，必然导致天津工商业被破坏，使一些企业破产倒闭。例如，原双庙街的同增兴米铺，财力比较殷实，也被迫歇业，他向县政府呈文说：“窃商自战争发生以来，经李前督（李景林）屡次勒捐募款，复被抢劫，经多次损失，实难再以生理……”县政府对工商企业的艰难处境却不闻不问。面对外部帝国主义的压迫，内部北洋政府的欺压，天津工人组成罢工团，各界人士组成爱国团，演员进行义演募集罢工经费，民族资本家也慷慨解囊，对各项活动进行赞助，天津人民开始了各种抗争活动。

社会治理混乱，使得人民思想上存在大量不确定性，无所适从，给宣传工作带来极大的困难和挑战，也助长了思想的混乱。

（五）辛亥革命与天津起义

1905年，中国第一个资产阶级政党同盟会成立，促进了民主革命运动的发展与高潮的临近。革命党人一直把天津当作其北方活动的中心。1906年，孙中山派其重要助手廖仲恺由日本潜入天津，筹建同盟会分支机构。天津的革命运动由此开始了一个新阶段。到了1911年，共和会、光复会等革命团体如雨后春笋般涌现出来，12月1日，中国同盟会京津保支部也在津成立。这时的天津已成为北方革命派的活动中心。接着《民兴报》《经纬报》也发表同情革命、赞成共和的言论，从而打破了天津舆论界君主立宪论一统天下的局面。

由于革命党人的积极活动，天津形成了深厚的革命活动基础。武昌起义后，天津的革命团体纷纷涌现，他们大力进行革命宣传，积极筹备武装斗争。武昌起义爆发后，刚刚成立的湖北军政府就派胡鄂公为全权代表，来天津组织北方的起义。京津地区起义总指挥部设在法租界大吉里。1月29日晚，天津起义，尽管没有成果，但它是天津为中国革命做出的光荣牺牲，也是辛亥革命对清王朝的最后一击。中国各个阶层的仁人志士为救国救民做出了艰难的探索，天津成为早期寻求出路的中国人施展的舞台。它沉重地打击了帝国主义侵略者的气焰，动摇了封建主义的统治基础。为了反对封建军阀的思想统治，1915 年陈独秀等人创办了《新青年》杂志，高举民主、科学的旗帜，向封建主义的旧思想、旧道德、旧文化展开了猛烈进攻。同时，在文学革命的口号下，提倡用白话文代替文言文，开展新文化运动。这场思想和文化的革命，在天津知识界产生了重大影响，推动了先进知识分子对中国问题进行新的探索。

（六）老西开事件

腐朽的清政府被推翻后，取而代之的是北洋军阀的反动统治，列强在华势力没有受到任何触动，租界林立的天津依然是帝国主义扩大侵略势力的根据地。法租界当局对天津老西开的霸占就是这种侵略行径的丑恶表演。

1916 年，不顾天津民众的强烈抗议，法租界工部局将法国国旗安插在老西开教堂附近，表示此地已正式划入法租界。北洋政府畏惧帝国主义的压力，反而劝阻天津民众忍让。法帝国主义的嚣张气焰与北洋政府的无能激起了天津人民的极大义愤，他们积极行动起来，投入到反对法租界侵占老西开的斗争中。10 月 21 日，天津群众数百人举行维持国权国土大会，各界人士纷纷发表演说，号召群众“雪国耻，挽国权”。孙子文副会长慷慨激昂地表示：“今我人民宁愿牺牲性命将该地染红，亦不愿划割外人将地图染成他色。”《益世报》经理刘浚卿指出：“我国虽未亡，而外人对待我国如亡国一般，是可忍也，孰不可忍也……与其苟且图存，贻羞于永久，何苦舍命力争，以维国权。”演讲结束后，与会群众到直隶省政府和交涉使署请愿，沿途高呼“坚决抗议法国侵占老西开”“反对侮辱中国”“抵制法货”等口号。许多群众也自愿加入到游行队伍中。10月25日，天津各界8000多民众在南市集会，成立了天津民众大会，通过了与法国断绝贸易、绝不使用法国货币、撤走法国驻华公使和驻津领事等6项决议。天津公民大会还通电北洋政府，斥责外交次长夏诒霆等人“断送国土、罪不容诛”，在巨大的舆论压力下，北洋政府只得将夏诒霆等当作替罪羊革职查办。

在这场反帝斗争中，天津资产阶级首先发起抗议，工人阶级也积极发动罢工，把斗争推向高潮。法租界内工人罢工，学生罢课，商人罢市，巡捕罢岗，就连法国人的家庭用人以及清道夫、粪夫也都怠工辞职。一时间，法租界陷入了完全瘫痪的状态，大街上垃圾成堆，粪便四溢；白天一派萧条，夜间一片黑暗。天津人民反对法国抢占老西开的运动得到了全国各地的响应和支持，全国各阶层人民如此同仇敌忾、团结抗争的局面，在以往的反帝运动中是没有出现过的，如此大规模的罢工是法租界始料未及的，引起了法国租界当局的恐慌，老西开得以恢复原状。

（七）天津城市发展的双重变奏

1. 从半殖民地半封建性向新民主主义城市转变

近代的天津虽然是北方经济金融中心，但其港口、外贸、工商业等主要被国内外大买办所控制，他们通过权力和特权对工人等进行剥削，倾销商品、哄抬物价、投机倒把，基层群众苦不堪言，半殖民地半封建的性质体现得淋漓尽致。主要体现在：一是工商业被外国资本和本国官僚资本垄断。第一次世界大战前，天津与英国的贸易最为活跃，“英国在天津拥有若干特权，处处扶持其商业经济”①。第一次世界大战后，日本取代了英国资本的地位，尤其是在纺织行业已成天津的龙头老大，

---

① 郭凤岐. 天津的城市发展［M］. 天津：天津古籍出版社，2004：190.

到抗日战争时期，日资更是全方位地侵入天津市场，“到1940年天津共有外国洋行4200家，日本占3700家，处于绝对优势”①。抗日战争胜利后，天津的工商业又落入国民党官僚资本主义手中，对手工业者的剥削变本加厉。二是工业水平低下。新中国成立前，天津工业虽然发展繁荣，但加工形态和技术水平都较为低下，旧时的天津工业技术水平落后，“据解放初的调查，职工在一千人以上的大企业，包括接收的官僚资本企业在内，只有十几家，就是这些较大型的工厂，也都是在建厂时期从国外进口了一些设备，投产以后，几乎没有更新过，许多设备技术已经落后”②。而且旧时的天津工业主要是为外国资本服务，大部分工厂只是从事简单的包装及加工，工业技术水平较低。

2. 从帝国主义桥头堡到内外贸易新平台

第二次鸦片战争后，天津的政治军事地位日益显现，西方列强认识到天津作为北京海上门户的重要性，《北京条约》签订后，各国列强纷纷在天津圈地划界，天津逐渐成为帝国主义对中国进行政治和经济侵略的桥头堡。因此，天津作为华北地区最大的出海港口及其既有的经济地位，成为新型内外贸易的平台。1949年之后，天津承担着对外贸易的职责。1949年2月，《中共中央关于对外贸易的决定》中指出，“由于天津及其他重要海口的解放，许多外国的商业机关和国民党地区的商业机关要求和我们进行贸易，而我们为了迅速恢复与发展新中国的国民经济，亦需要进行这种贸易，因此，我们应该立即开始进行新中国的对外贸易”③。“现在已经是大部货物均可以出去，凡我们需要的货物，都可

---

① 胡宗浚. 解放前天津商业发展概述［J］. 天津商学院学报，1992（1）：65.

② 天津社会科学院经济研究所工业经济研究室. 解放前的天津工业概况［J］. 天津社会科学，1984（2）：18.

③ 中共天津市委党史资料征集委员会，天津档案馆. 天津接管史录（上卷）［M］. 北京：中共党史出版社，1991：674.

购来，价格转香港有利，而且主动。”① 由此中共中央通过天津向外释放了友好贸易的信号，天津成为外部了解新中国的一个窗口。天津也带动了周边贸易。“历史上的规律，细粮由三条内河（大清河、子牙河、南运河）向天津流入，现在已经向这种趋向发展，最近每天总有约2000000斤粗粮去冀中各地”，“三个月来，小麦的流转为正常，始终向天津流”，“棉花在3月底以前常来天津，我们也下乡收花”。② 通过对内贸易扩大了天津对周边地区的影响力，对1949年后整个中国的经济社会建设做出了贡献。

“近代历史看天津”，中国近现代史是剧烈变革的历史，天津是近代百年中国的缩影。一百多年来，决定中国命运的重大事件轮番在天津登场，中国社会的演变趋势也往往在天津初现端倪。帝国主义的多次入侵均以天津为重要地点，先辈们的奋起抗争和艰难探索也多以天津为施展舞台，革命思想从这里萌芽、生长、传播。

二、近代以来天津社会思潮的变革

社会思潮是某一历史时期集中反映一定阶级、阶层、集团的利益要求，并在一定范围内对社会生活具有广泛影响的思想意识，是对应阶段社会存在的反应。③ 近代以来天津社会思潮的变革是宣传工作发展的基础。

---

① 中共天津市委党史资料征集委员会，天津档案馆. 天津接管史录（上卷）[M]. 北京：中共党史出版社，1991：696.

② 中共天津市委党史资料征集委员会，天津档案馆. 天津接管史录（上卷）[M]. 北京：中共党史出版社，1991：702.

③ 胡巧雅，王伟平. 改革开放40年来社会思潮变迁对政治文化的同质与解构［J］. 思想教育研究，2019（9）：70-75.

（一）近代以来天津市革命思潮的发展

民主革命时期，天津是中国共产党推动北方革命的重要中心，土地革命时期又是北方地区党领导机关所在地。帝国主义的入侵使中国社会经济结构和阶级结构发生了深刻变化，这为帝国主义和封建主义在中国的统治准备了掘墓人。首先，伴随着西方资本主义列强在天津办工厂、开矿山、修铁路进行经济掠夺，在天津产生了近代工业无产阶级。他们处于帝国主义和封建统治阶级的双重压迫下，然而他们与近代大生产结合在一起，成为先进生产力的代表，具有高度的组织性、纪律性和革命性，在政治上是具有远大发展前途的阶级。天津的无产阶级产生早于资产阶级。

1. 五四运动

由于帝国主义对中国的侵略步步加深，而北洋政府对外卖国、对内镇压的无能行径展现无遗，在巴黎和会外交失败的刺激下，五四爱国运动在北京爆发，像一声春雷，在全国掀起了反帝反封建的革命风暴，并揭开了中国新民主主义革命的篇章。天津是最早响应五四运动的城市之一。

五四运动爆发后，消息迅速从北京传到天津，天津的广大爱国青年立刻响应。从 5 月 5 日起，天津各校学生纷纷集会或者发表通电，声援北京学生的爱国行动。5 月 6 日晚，天津官立、私立中等以上共 10 所学校的代表 29 人，在北洋大学召开大会，会上群情激愤，纷纷揭露日本帝国主义灭亡中国的野心，痛斥封建军阀祸国殃民的罪行。5 月 14 日，以“实行学生对国家应尽义务”为宗旨的“天津学生联合会”正式成立（简称天津学联）。5 月 25 日，以直隶女子师范学校学生为主体的“天津女界爱国同志会”正式成立。此后，这两个爱国学生组织便成为天津五四运动的核心领导力量。学生爱国团体成立后，立即组织学生冲出校门走向社会，开展爱国讲演活动，声讨帝国主义侵略罪行。在学生爱国活动的影响推动下，各个阶层群众也纷纷行动起来，同年6月，天津各界联合会成立，各个阶层民众爱国运动联合成一体，学生举行了大规模的抗议集会，天津商人开始罢市。天津的爱国运动推向了高潮。6月28日，在全国人民的抗争下，中国代表团拒绝在巴黎和会的合约上签字。曹汝霖、陆宗舆、章宗祥等人相继被免职，总统徐世昌也提出辞职。五四运动所争取的“外争国权、内惩国贼”的目标得以实现，在这场运动中，天津成为坚持斗争时间最长，群众发动最广泛的城市。

2. 觉悟社

在五四运动中，天津涌现出一批革命的爱国青年。其中一些先进分子为了斗争的需要，发起组织了“觉悟社”和“新生社”。这两个青年革命团体的建立，使斗争有了领导核心，将天津的反帝反封建爱国运动推向了新的发展阶段，为后来天津地方党组织的建立准备了重要的思想基础和干部条件。

觉悟社是1919年9月16日，由周恩来、马骏、郭隆真、刘清扬等人发起成立的。周恩来同志是觉悟社公认的领导人，1917年俄国十月革命给他极大的影响，他以极大的精力去学习马克思主义，研究世界革命新思潮，逐渐成为一个具有初步马克思主义思想和社会主义倾向的革命青年。1919年6月，周恩来担任《天津学生联合会报》主编，给学生爱国运动指出正确方向，得到广大青年学生的热烈响应。《会报》还配合爱国斗争，不断揭露帝国主义和封建军阀的政治阴谋，介绍世界革命新思潮，成为引导天津爱国运动中最早的喉舌，在全国各地产生重大影响。周恩来同志是天津学生工作的宣传者、组织者，凭借出色的组织、宣传能力，成为觉悟社的领导者。觉悟社成立后，得到李大钊的亲切关怀和支持。1919 年 9 月，李大钊同志应觉悟社邀请来津讲学，与觉悟社社员亲切会面。他热情赞许觉悟社敢于打破封建礼教的束缚，建立男女青年的联合，出版革命刊物，并鼓励社员们学习马克思主义，研究世界革命新思潮，不断提高自己的政治觉悟。在李大钊的鼓励下，觉悟社成员做出了“到民间去”的决定，进行革命宣传和社会调查，开展平民教育，组织工农运动，推动妇女解放，实行社会改造。觉悟社存在的时间不长，但是它的作用和影响在我国青年运动史中占有极其重要的地位，是五四运动时期我国青年革命运动的一面光辉旗帜，对早期党的成立做了宣传准备。在五四运动中，天津一批具有初步马克思主义思想和社会主义倾向的青年革命者周恩来、张太雷、马骏、于方舟、邓颖超等人，在我国共产主义运动伟大先驱李大钊的引导下，积极投入和领导了天津人民的爱国斗争。

3. 天津特别市的建立

20 世纪二三十年代，是天津城市又一快速发展时期。由于这一时期比北京政府时的形势相对稳定，帝国主义各国从第一次世界大战的损失中复苏，殖民经济有了发展，原来在南方以“四大家族”为代表的官僚资本逐渐向北方深入，加上天津建市初期，市政府也采取了一些措施，办了一些实事等，这些都促进了天津商贸、金融的发展，天津逐渐成为中国北方的经济中心城市。1928 年，蒋介石联合地方实力派阎锡山、李宗仁、冯玉祥等，兴兵北伐，击败当时控制北京政府的奉系军阀张作霖，结束了北洋军阀的统治。南京国民政府在天津设立“天津特别市”，同时设立“特别市政府”。从表面看，全国统一由南京国民政府管辖，实际上华北地区（包括天津）先后由阎锡山、冯玉祥，以及东北的张学良所控制。

天津的独特地位为世人瞩目，也让帝国主义垂涎欲滴。侵略者多次把魔爪伸向天津。日本在租界建立形形色色的特务机关，驻扎大批“驻屯军”。天津日租界成为日本策划侵华战争的巢穴。1937 年 7 月 30 日，天津沦陷，日本建立日伪政权，对天津人民进行了长达 8 年的残酷统治。日本侵略军占领时期，日本对天津基本上实行武力统治。将天津作为掠夺整个华北的基地。天津生灵涂炭，工商凋敝，占领军集中建筑力量于军事设施的兴建，如修筑营房、增建军医院、建立兵工厂及钢铁厂，扩充电信、道路等设施，把天津变成了军事侵略的基地。太平洋战争爆发后，日本强行占领其他国家租界地。1945 年日本投降后，中国政府正式收回各国在天津的租界。

抗日战争胜利后，天津已成为人口众多，轻、重工业齐备，商业发达的港口大城市，也是连接华北、东北和西北的交通枢纽。1945 年日本投降后，国民党借助美国的支持，恢复了对天津的统治。不久，国民党即挑起了内战，造成市面萧条，物价飞涨，工厂倒闭，民不聊生。1945 年 8 月 15 日，日本无条件投降，天津伪政权也随之垮台。由于国民党政府躲在西南重庆，对抗战胜利毫无准备，不能立即派出人员到沦陷区组建政权机构，天津陷入无政府状态。国民政府为抢占地盘和阻止八路军受降，改编原华北的伪军为华北先遣军，并将其第一军派来天津“维持治安”。随后美国海军陆战队进入天津，国民政府 94 军也抵达天津。9 月组建了天津市政府。按规定市领导应由国民政府行政院任命，但实际上分别由晋军阎锡山和东北军张学良、西北军宋哲元委派，而行政院只办理手续。因此，市长更换频繁。杜建时被任命为天津伪副市长后，蒋介石立即召见了他，要求他到天津后，招收伪军，接应美国海军陆战队，打通天津到沈阳的铁路，守住港口、机场、铁路沿线等。当杜建时被提升为市长后，蒋介石又一次召见了他，要他上任后“首要是配合军事维持治安”等。按照蒋介石的指令，他配合军事开展各项工作：接收敌伪财产；收编伪军，接应国民党军；构筑城防工事；推行“戡乱建国”政策，建立形形色色的反共防共组织，大搞反共活动；对解放区进行经济封锁；纵火烧房，制造无人区；进行“大清查，大搜捕”；镇压人民争取和平、民主的革命斗争。

（二）新旧更迭中天津市社会思潮的变革

天津解放前是国民党统治的核心城市，国民党在天津大力宣传三民主义，通过威权统治确立了三民主义在意识形态领域的核心地位。解放后的天津建立了新生的人民民主政权，在中国共产党的领导下，废除帝国主义在津特权，没收官僚资本，在意识形态领域大力宣传马克思主义，与国民党统治时期形成鲜明对比。

1. 三民主义的溃败

在国民党统治时期，三民主义经戴季陶、蒋介石等人不断改造完善，形成了体系庞大的以三民主义为核心的意识形态体系，并通过党派领袖、社会团体、学术名流等强化三民主义的宣传，如 1946 年 1 月 3 日天津市市长张廷鄂向天津市青年学生训话称：“青年学生们：我国父积四十年的革命经验，采中外古今的良法美意，适应国家的需要，顺从世界的潮流，手定博大精深的三民主义和建国方略、建国大纲，便是应该遵守的最高原则”①。“一个主义、一个政党、一个领袖”的政治表述在抗日战争胜利后达到巅峰。但在解放战争期间随着国民党政治统治的全面崩溃，其所宣扬的三民主义也走向溃败。一是三民主义的宣传流于形式。国民政府非常重视对国民的思想掌控，其通过出版书籍、印刷报刊、召开民众大会等形式宣传三民主义，但并无实质内容，只是空洞的

① 张廷鄂. 向天津市青年学生训话［N］. 大公报（天津版），1946-01-03（3）.

说教，对于宣传任务，基层也只是出于应付角度去完成，甚至很多国民党官员都说不清什么是三民主义，宣传形式大于内容。二是国民党领导阶层的腐败导致三民主义彻底失去人心。客观地说，鉴于当时的国情，三民主义具备一定的指导意义，但由于国民党内部派系纷争，大部分国民党官员对三民主义阳奉阴违，领导阶层腐败不堪，国民党作为执政党并没有表现出践行三民主义的能力，致使人民生活在水深火热之中，导致民心背离，随着国民党的倒台，三民主义退出了历史舞台。

2. 马克思主义的发展

马克思主义最早由梁启超于 1902 年引入中国，俄国十月革命后，李大钊、陈独秀等早期共产主义知识分子开始为马克思主义著书立说，扩大了马克思主义的影响力，而五四运动的发生则彻底让中国人民觉醒，信仰马克思主义的先进分子越发增多。1921 年中国共产党成立，开始了有组织、有计划地传播马克思主义，就此马克思主义的发展进入了新时期。但同时中国共产党对马克思主义的宣传也充满了艰辛与曲折。一是新中国成立前，当权政府对马克思主义的打压。北洋军阀政府时期出于对工农觉醒的恐惧，对马克思主义的传播进行了一系列的摧残，曾于“1921 年初，在内务部下设立一个所谓‘著作及出版物研究委员会’，专门从事扼杀马克思主义新思潮之传播的活动”①。在国民党统治时期，国民政府将马克思主义看作洪水猛兽，想尽办法查禁各类马克思主义理论书刊、报纸。天津《大公报》在 1934 年 4 月 9 日的第 13 版附刊中就曾公布禁止发售部分书目，宣称“《政治经济学》，郭沫若著，是马克思的经济学说的纲要，对于阶级意识有极明显之宣示，为宣

---

① 宋文章. 北洋军阀政府破坏马克思列宁主义在中国传播的一些罪行［J］. 历史教学，1962（10）：46.

传共产主义及鼓吹阶级斗争之反动书籍”①。在这一背景下，马克思主义宣传多为地下开展。二是马克思主义在天津的发展。中国共产党成立以后，天津的一些进步报刊“《星火》《女星》《觉邮》《妇女日报》《南开周刊》等就发表了大量的传播马克思主义的文章”②，唤起基层民众的觉醒意识。如《女星》在发刊词中说：“凡稍有革命思想的人们，必都知道要援助被压迫者反抗压迫者。劳动者供给人类的衣、食、住，反被人摧残、侮辱，谁都应该明白这是不平等的事情。”③ 天津作为一个传统的工商业城市，工人阶级人数众多，为此中国共产党早期在天津所开展的马克思主义宣传很有针对性，主要面向天津的工人阶级和青年知识分子，鼓动工人阶级团结起来反对压迫、反对剥削，并号召工人阶级要与帝国主义、官僚资本主义做斗争，天津的工人运动开展得如火如荼。抗战时期由于日本采取军事管制，工人运动几乎销声匿迹，抗战胜利后国民党接管天津并在各大中工厂建立“黄色工会”，削弱了中国共产党在工人组织中的影响力。在马克思主义传播越来越广泛的背景下，在解放天津前后唤起工农阶级的“主人翁”意识就成为党在新时期的工作任务。

三、新旧更迭中天津各阶层民众心态

各阶层民众是经济社会的主体，民众的心态会因经济社会的变化而产生变化。天津的解放是天津近代史上最伟大的变革。在这一过程中，

---

① 禁止发售的书目［N］. 大公报（天津版），1934-04-09（13）.

② 董振修. 马克思主义的传播与天津早期工人运动［J］. 天津社会科学，1983（S1）：90.

③ 中共天津市委党史资料征集委员会，天津市妇女联合会. 天津女星社［M］. 北京：中共党史资料出版社，1985：24-25.

天津各阶层带着不同的心态参加或卷入社会改革和政治运动，思想上受到不同程度的冲击，稳定各阶层民众的心态是中国共产党这一时期工作的重中之重。

（一）天津工农阶层有限度的认同

党对工农运动的认识经历了一个逐步发展的过程。早期党在各大城市广泛发动工人阶级开展革命斗争，在革命过程中党逐渐认识到了农民阶级的重要性。之后在工农联盟总方针的指导下，天津的工农阶层开始开展活动，但由于天津独特的地理位置，再加上当时国内国际复杂多变的局势，导致天津的工农阶层对党的心理认同存在波动。一是天津工人阶级存在反复心理。在大革命期间，党在天津对工人阶级开展了卓有成效的工作，“天津二十多个行业的工会代表开会，决定成立天津总工会，并选举出十五位执行委员，分别负责总务、财政、宣传、组织、纠察五部分工作，通过工会章程，至此党领导的天津工人阶级群众组织诞生了”①。同时天津工人运动在党的领导下开展得如火如荼，但随着“四一二”反革命政变的发生，奉系军阀在天津大肆捕杀共产党员，革命处于低潮，抗日战争胜利后国民党又抢先接管天津并在各大工厂成立“黄色工会”，对共产党进行栽赃污蔑，导致天津解放前工人阶级对共产党的认同降低。二是天津的农民阶层革命意识不强。近代的天津作为一个工业城市，其辖区范围就是一个城市的范围，农民阶层多为涌入城市的失地农民，主要靠打工为生，少有自己的土地，所以在天津解放前，党无法通过开展大规模的土地革命来团结农民阶层，直到 1952 年 4 月，天津县、市合并，天津才有了广大的农民阶层，因此与其他老解

① 董振修. 马克思主义的传播与天津早期工人运动［J］. 天津社会科学，1983（S1）：93.

放区不同的是，党在天津农民阶层中的工作开展得较晚，很多农民对党的政策不了解、不关心，甚至有的农民受国民党蛊惑竟惧怕共产党，这就为天津市通过基层宣传调动天津农民阶级的积极性提出了新的挑战。

（二）天津知识分子、资本家等其他阶层的怀疑心理

天津知识分子、资本家等其他阶层对党的领导抱着怀疑的态度。天津解放前，“为了实现和平、最大限度地孤立以蒋介石为首的反革命集团，中国共产党制定了更广泛的统一战线即人民民主统一战线及其方针、策略”①。中国共产党紧密团结工人、农民、城市小资产阶级、民族资产阶级、各民主党派、开明绅士、其他爱国分子、少数民族同胞和海外侨胞等一切爱好和平的人士，争取一切可以争取的人，团结一切可以团结的力量。在这一方针的指导下，天津解放前的地下党组织“进一步加强与天津知识界、民族工商业者的联系，开展统战工作，通过深入细致的工作，党团结了一批有较大影响力的代表人物，他们在解放和接管天津过程中发挥了重要作用”②。具体到知识分子和资本家这两种不同的阶层，各自发挥了不同的作用。一是天津知识分子存在观望心理。一个政权的运行及发展离不开知识分子，天津解放前地下党组织就非常重视对知识分子的争取，因此在天津解放前夕，天津大部分知识分子都留守天津，天津著名高校南开大学的“教授会、学生会分别召开会议，决定不迁移，并经 11 日下午召开的校务会议正式通过”③。但其实当时部分知识分子对中国共产党了解并不多，留下的原因是出于家国情怀，而非对中国共产党的认同，如南开大学“精通英文、法文的原

---

① 李玮. 中国共产党统一战线思想的历史进程［J］. 中共福建省委党校学报，2006（11）：36.

② 李俐. 解放战争时期天津党组织领导的革命活动［J］. 求知，2014（4）：59.

③ 魏宏运 . 1948 年 12 月国共争夺知识分子的搏斗［J］. 历史教学，2012（24）：12.

西南联大人类学专家黎国彬已离校到了上海黄浦滩，准备登船他去。思想斗争激烈，他想离开了祖国就成了流浪者，他又返回天津”①。因此在这一时期如何对知识分子开展宣传工作是天津市宣传工作面临的一个重大问题。二是天津资产阶级摇摆不定。天津的资产阶级构成较为复杂，包括城市小资产阶级和民族资产阶级，天津解放初期他们对中共都有诸多顾虑。一方面，天津解放初期党就如何进行城市管理还未有成熟经验；另一方面，天津由于受国民党统治多年，资产阶级听信反动宣传，担心像地主那样被批斗，甚至财产充公等。因此，在天津解放初期，天津资产阶级“人人恐慌自危，除少数工厂开工外，多数厂主均持观望态度，拖延开工复业。甚至出现了极少数人想抽逃资金，一走了之”②。因此，如何稳定资产阶级的人心是天津解放初期宣传工作面临的另一大问题。

① 魏宏运.1948年12月国共争夺知识分子的搏斗［J］. 历史教学，2012（24）：12.

② 孟昭庚.1949年，刘少奇的天津之行让工商界吃下定心丸［J］. 福建党史月刊，2011（19）：9.

第二章

天津基层宣传工作内容（1949—1956）

天津在1949—1956年开展的宣传工作极具代表性，毛泽东同志在七届二中全会的报告中强调："从现在起，开始了由城市到乡村并由城市领导乡村的时期。党的工作重心由乡村移到了城市……必须用极大的努力去学会管理城市和建设城市。"① 天津解放后，党作为外来力量进入城市，摆在其面前的首要任务就是使长期处于国民党统治下的城市居民尽快熟悉党的政策、方针，使其放下戒心投入到恢复社会秩序、积极生产建设的任务中。为了完成这一目标，党充分发挥其宣传优势，对天津市基层群众进行了广泛的动员。

第一节　新旧更迭中围绕平稳接管展开的宣传工作

天津解放后，万里长征才走完第一步，接下来党面临的"肃清敌人、接管天津、改造天津、建设天津"的任务更加艰巨，"共产党能马

① 毛泽东选集（第4卷）[M]. 北京：人民出版社，1991：1427.

上得天下，不能马上治天下”等流言四起。正如刘少奇同志所说：“我们党从最初建立起，就是全党做宣传的。”① 面对困局和挑战，党借助革命时期积累的宣传经验进行了强有力的舆论宣传，接管天津的既是一支接管队，也是一支“宣传队”，队伍中的每个人都是宣传者。在这样的大力宣传下，党在短时间内便获得了民心，站稳了脚跟，对社会进行了有效控制。

一、集训：通过宣传教育统一接管思想

接管天津的团队通过集训学习中央指示、制定接管政策、教育接管团队来部署接管天津的相关工作。接管工作时间紧、任务重、影响大，接管队伍的思想认识对接管效果有举足轻重的影响，因此接管前党组织所有参与接管的工作人员集中学习政策方针、中心任务、纪律规矩，以统一接管队伍的思想。

（一）培训党的接管政策与工作纪律

中共中央的城市接收方针是“完整接收、避免破坏”。为统一政策认识、明确接管任务，接管班子以中央精神为指导制定《关于接管天津的任务与方针》《天津市军事管制委员会工作纲要》《关于接管工作中几个原则问题的决定》等方针政策，集中阐述了“进入天津的任务”“分清敌我界限”“工作原则与接收方针”等问题。党将接管干部组织起来进行接管政策的集中培训。除此以外，接管班子还分别向接管人员做报告、对接管人员进行常规培训介绍进城工作的方针和步骤、组织接管干部认真学习和讨论、讲解各种具体接收计划，使参加工作的接管人员明确接管工作的目的和任务。接管班子提出“避免乱、必须稳”的

① 刘少奇选集（下卷）［M］. 北京：人民出版社，1985：83.

工作原则，“乱，就增加了困难，就影响大了。避免乱的前提是不要急，急了必出乱子”。所谓“稳”，即“立场要站稳，政策要掌握稳，步骤要踏稳，做到稳步前进”。党的方针政策的培训从政治高度统一了接管人员的思想。

毛泽东同志说过，“我们的纪律就建筑在这个自觉性上边。这是我们党的领导和教育的结果。”① 为了规范进城后的接管行为，党制定了《入城纪律》《入城须知》，明确军管期内实行集中制，一切没收、逮捕、杀人或外交事项，权力都要集中在市委，任何部门或个人不准机动处理，独断专行。不准擅作主张，不准擅自行动。必须做到言行谨慎，不准乱说乱做，要按报纸和文件做宣传；艰苦朴素，不准贪污腐化；深入群众，不准官僚习气。经过多次培训，使接管人员认识到个人违反纪律会破坏全党的政治影响，个人违反政策会使整个政策在执行上受到阻挠。党对纪律的宣传颇有成效，攻城部队纪律相对来说较好，还派出部队在重要部门严密看管，不准任何人进入，使得物资、机关、工厂保持完整，给接管工作打下良好的基础。执法必严、刀刃向内的作风震慑了蠢蠢欲动的反革命分子，也提高了党和政府在天津人民心中的威望。

（二）加强对接管人员的政治思想教育

“政治工作是革命军队的生命线。”② 接管人员的一言一行，都关系到党在天津市民心中的形象，因此对接管人员进行思想建设、价值塑造极其重要。培训中接管人员不仅要了解接管政策、纪律，还要有较高的思想觉悟和坚定的革命信念。接管班子在报告中说明进城的任务是为解放天津人民、建设天津，为华北人民与解放战争服务。在对接管人员进

① 中共中央宣传部. 毛泽东周恩来刘少奇朱德论党的宣传工作［M］. 北京：中共中央党校出版社，1989：124.

② 周恩来选集（上卷）［M］. 北京：人民出版社，1980：93.

行思想政治教育时，给全体人员印发了《甲申三百年祭》，教育大家要汲取闯王进京的教训，反复申明党一切为了群众，一切依靠群众的群众路线，强调艰苦奋斗、谦虚谨慎、廉洁奉公的优良作风。充分的思想动员激发了接管人员的使命感，很多人还去主动了解天津的历史沿革、地理河流、街道交通、社会阶层、民俗风情、生活习惯、相互称谓、禁忌言行等，尽可能多地掌握和熟悉天津各方面的情况，为接管天津做好准备。

“每个党员都要把党的主张、党的政策向人民作解释、作宣传，宣传我们党的基本观点。”① 进城后，党的各级干部和工作人员牢记“为人民服务”的宗旨，充分尊重劳动人民，一切将群众的利益摆在第一位，以实际行动向群众展示党的立场和主张。天津居民渐渐了解了中国共产党的优良作风，广大群众很自然地和国民党的所作所为对比后发现，共产党确实是将“为人民服务”放在第一位的。虽然接管工作十分艰苦，任务繁重且责任重大，但党的各级干部和工作人员吃苦在前，享受在后。黄克诚在对中央的综合报告中提道：“进城干部，艰苦负责，昼夜不停地工作，使接收工作迅速完成，起了重大的作用（如开始几天没有睡觉，几天吃干粮，没有煮饭吃，没有私人拿东西）。”② 接管团队的吃苦耐劳、贴近群众渐渐赢得了天津市民的心，增加了人民对新生政权的好感。

党通过对政策、纪律的宣讲保证了接管工作的顺利进行，通过对接管人员进行思想动员激发了其使命感，思想建设的成功保证了接管工作的顺利进行。

---

① 刘少奇选集（下卷）［M］. 北京：人民出版社，1985：83.

② 中共天津市委党史资料征集委员会，天津档案馆. 天津接管史录（上卷）［M］. 北京：中共党史出版社，1991：100.

二、接管：及时发布信息建立革命秩序

毛泽东同志说过："我们共产党人好比种子，人民好比土地。我们到了一个地方，就要同那里的人民结合起来，在人民中生根、开花。"①天津是中国解放最早的第一个大工商业城市，能不能把它管理和建设好，是对中国共产党的一大考验。虽然接管天津的困难很多，但接管人员在最初的几天发挥宣传优势，迅速取得了天津市民的支持。

（一）抢先掌管宣传咽喉

接管后，中国共产党抢先掌管宣传咽喉，通过权威渠道及时发布信息。一方面通过广播、报刊宣传党的接管方针，安抚民心的同时争取民众配合，为进一步安排接管工作做好舆论宣传；另一方面有效防止因信息真空被反动分子乘虚而入。

天津解放后，市军管会第一时间接管了天津电台，解放当天，播音员就热情而庄重地向全市人民宣告"天津解放了！国民党反动派在这块土地上的反动统治从此结束……"紧接着，广播电台又播出了天津市军事管制委员会的《告天津人民书》《中国人民解放军平津前线司令部约法八章》，天津民众在第一时间便通过广播了解了党的接管政策和接管纪律。在之后的日子里，广播电台又陆续播出了《中国人民解放军宣言》《三大纪律八项注意》《将革命进行到底》。② 为了加深民众对党的进一步了解，巷战还未结束，地下党已经开始了《号外》的印刷工作。正如马克思所说："报纸最大的好处，就是它每日都能干预运

① 毛泽东选集（第4卷）[M]. 北京：人民出版社，1991：1162.

② 天津市地方志编修委员会办公室. 天津通鉴（上卷）[M]. 北京：中国青年出版社，2005：303.

动，能够成为运动的喉舌，能够反映出当前的整个局势，能够使人民和人民的日刊发生不断的、生动活泼的联系。”① 天津解放当天，“号外，号外，天津解放了”的叫卖声就在大街小巷传开了。有市民惊讶地打听：“这张《号外》真快，不知是在哪儿出的？”②《天津日报》创刊并发行后，毛泽东同志亲自为天津日报题写了报头。许多人惊叹：“想不到解放3天就能出一张大报。”有的外国通讯社惊呼：“这是一个奇迹。”③ 天津广播电台、新华日报天津分社、天津日报等宣传咽喉的工作宗旨均是宣传马列主义、毛泽东思想，宣传党的路线、方针、政策。如《天津日报》在发刊词中就提出天津人民当前的五大任务是彻底肃清一切反革命力量，迅速建立革命秩序；协助接管工作，防止任何破坏；恢复工商业，发展生产；积极支援解放战争，加速全国胜利的到来；群众组织起来，巩固人民政权的基础。中国共产党利用权威的信息渠道重申党“各按系统、自上而下、原封不动、先接后管”的接管政策，阐释了中国共产党是站在大多数人这一边的原则，为接下来社会秩序的恢复做好充足的舆论宣传。天津广播电台播音后，电话响个不停，天津市民不断给电台打电话，要求反复播放接管城市的政策、规定，以及共产党对工商业的政策、法令，显然这都是民众最迫切关心的问题。而《天津日报》创刊的发行量即达5万份。④ 这些都充分反映了民众渴望通过各种途径迅速了解新生政权，也验证了第一时间掌握宣传咽喉的必要性。

---

① 马克思恩格斯全集（第10卷）[M]. 北京：人民出版社，1998：115.

② 中共天津市委党史资料征集委员会. 天津接管史录（下卷）[M]. 北京：中共党史出版社，1994：349.

③ 中共天津市委党史资料征集委员会. 天津接管史录（下卷）[M]. 北京：中共党史出版社，1994：359.

④ 天津市地方志编修委员会办公室. 天津通鉴（上卷）[M]. 北京：中国青年出版社，2005：304.

（二）迅速消除不稳定因素，稳定人心

长期处于国民党统治下的天津民众对中国共产党不甚了解，接管部队进城后，“沿途商店门板紧闭，居民有的从门缝窥视，个别的站在门口带着好奇的目光打量着”①。正因为不了解，天津市民对中国共产党能不能治理好天津抱着怀疑的态度。为了在最短的时间内消除群众的疑虑，党必须在最短的时间内保障民生以稳人心。

首先，恢复公共设施稳定人心。为了尽快争取天津居民的信任，党接管天津后张贴了安民告示——人民解放军天津市军事管制委员会第一号布告，以宣布新解放城市军事管制时期的各项政策。布告的及时发布稳定了天津居民的情绪。原国民党职员通过布告了解了人民政府的宽大政策后，纷纷交出枪支武器；不少原国民党政府职员主动接近共产党，要求提供情况，帮助推进接收工作；有的旧职员接受留用政策，表示愿意为人民服务。接管第二日，供水供电恢复；接管第三日，邮政局、电话局恢复营业；接管第四日，全市公共汽车通车；不久粮食和其他物资也源源不断地从农村运来，市民生活很快安定下来，看不到一点儿混乱的景况。

其次，建构金融市场。天津解放后第二日，天津市军管会便接连发金字号布告，宣布如下金融工作方针：①统一货币；②排除蒋币；③打击非法金银活动；④运用经济手段平抑物价。为了避免陷入经济混乱局面，人民政权取缔金融投机，并提供了金圆券的兑换方法。在不到十天的时间里，全部收回了金圆券，稳定了市场，保障了市民生活。对此，天津民众大为赞叹，如天津市区玉清池的掌柜对工作人员赞扬道：“你

---

① 中共天津市委党史资料征集委员会. 天津接管史录（下卷）［M］. 北京：中共党史出版社，1994：63.

们处理得真快！”① 中国共产党对民生的关心与迅捷有效的措施与国民党时期的民不聊生形成鲜明对比，党的举措获得了天津市民的广泛认可。

再次，稳定社会治安。解放后的天津，最大的敌人是入侵天津九十余年的帝国主义势力、北洋军阀和国民党特务及其反动组织。② 解放战争爆发后，天津被国民党军政府部署为京津后备区，国民党三大特务系统（党通局、保密局、国防部二厅）都在此安营扎寨，散布在天津的特务多达2700多人，连同其他反动党团分子，反动势力总共有2万人之多。社会治安状况一度极其混乱，很多居民惶恐不安。迅速摧毁各种特务组织，肃清残余匪特，成为市军管会和市政府面临的一项重要任务。为此，党大力宣传“首恶者必办，胁从者不问，主动者受奖”的处理政策。中国共产党入城后不久，便在多个公共场所贴出布告，限令：“凡在本市之国民党、三青团、民社党、青年党及伪中央系或地方系特务组织，须统于限期内亲赴指定之机关，迅速进行登记”，“如有隐瞒不报或潜谋活动者，一经查出，绝予严惩”。③ 声势浩大的宣传攻势突破了很多匪特的心理防线，一大批特务分子和反动党团分子前来自行登记和接受改造。党和政府对那些拒不合作、依旧作恶者毫不手软，不但进行艰苦细致的侦查，还通过宣传来发动群众。天津市民迅速被调动起来，他们积极地提供线索、揭发检举，使那些仍与人民为敌的反革命分子四面楚歌、无所遁形。党和政府仅用了8个月时间，便抓获特务分子306名，含国民党党通局的7个区分部，13个情报组；伪保密局的

① 解放以来本市民政工作的介绍（1949年7月2日）［A］. 天津市档案馆藏，档案号：X0053-C-000112-003.

② 黄克诚传编写组. 黄克诚年谱［M］. 北京：当代中国出版社，2018：155.

③ 中国人民解放军天津警备区. 解放天津［M］. 天津：天津人民出版社，1988：142.

16个组；伪国防部二厅的1个技术大队，7个组及所属的政工处、规划协会等①。潜伏留津的国民党特务头子几乎全部被捕，特务组织的领导核心被彻底摧毁。

党和政府雷厉风行的治安手段保证了社会秩序的安定，稳定治安的行动通过宣传得到了群众的广泛支持。

三、示范：党的领导干部树立了正面形象

解放天津、管理天津的任务十分艰巨，对党的领导干部要求极高、考验极大。中国共产党的领导干部迎难而上、攻克难关，这种精神也带动和感染了身边的工作人员。以至多年后，参与天津接管的人员写回忆录时不约而同地提到了对几位领导干部的深刻印象。刘金录②在回忆录中谈起："工作是非常紧张而艰苦的……我亲眼见到黄克诚主任一个人几部电话，同时用两个耳朵接电话，听汇报和答复、指示工作。"③ 路达④在回忆录中谈起："黄敬是才华横溢的才子，可是我见到他时，虽很潇洒却不修边幅。当他听说我是从天津来的，紧紧握着我的手，眼睛里放射着光芒。他告诉我，接管天津的任务十分艰巨，已经有几天不睡觉了。"⑤ "大家都在地板上睡觉，就是组织部部长黄火青也不例外，那时感到比睡在麦秸子上强多了。"⑥ 几位主要领导干部吃苦耐劳的工作

① 中国人民解放军天津警备区．解放天津［M］．天津：天津人民出版社，1988：143.

② 刘金录：天津解放后，任天津市军事管制委员会政策研究室专员.

③ 中共天津市委党史资料征集委员会．天津接管史录（下卷）［M］．北京：中共党史出版社，1994：33.

④ 路达：天津解放后，任中共天津市委组织部干部科长.

⑤ 中共天津市委党史资料征集委员会．天津接管史录（下卷）［M］．北京：中共党史出版社，1994：2.

⑥ 中共天津市委党史资料征集委员会．天津接管史录（下卷）［M］．北京：中共党史出版社，1994：5.

作风直接影响了整个接管团队的风气，使得天津接管过程中各个岗位的干部都争分夺秒，面对紧迫的接管工作和艰苦的工作环境激流勇进、苦干实干，克服了接管工作中的种种困难。

除此之外，党的领导干部还因出众的人格魅力、优良的工作作风广受好评，以至领导的言行也能形成有效的宣传。接管前夕，黄火青主持了地下党员大会，"黄火青在会上代表市委向大家表示亲切的慰问和衷心的感谢。他在讲话中强调了认真贯彻执行党的城市政策和加快恢复生产、恢复社会秩序的重要意义，同时向同志们提出做好接管城市工作的要求和希望。讲话在热烈的掌声中结束。虽然他讲话时间不长，但是大家感到亲切、明确、有力，使大家受到鼓舞。大家还感受到他平易近人、和蔼可亲，使大家对市委的领导增强了信心。这次简短的大会，对于明确工作方向，调动大家的积极性，确实起了很大的作用"①。接管天津后，军管会主持召开了全市各大企业产业工人座谈会，这也是天津的工人阶级首次跟党的领导干部面对面交流，很多工人还带有紧张畏惧的情绪，没想到军管会副主任、天津市市长黄敬"一开口就是地地道道的天津话"，他幽默诙谐，几句话就"说得大家笑声不断"，"丝毫没有官气"，"句句都说到工人心里去，听着听着就觉得他真是你的知心朋友"②。黄敬市长迅速拉近了天津的工人阶级对中国共产党的情感，工人们敞开心扉畅所欲言，积极为接管工作献言出力。党的领导干部的魅力形成了一股无形的力量，将群众紧紧团结在新生政权周围。

党的接管干部在接管工作中所树立的良好形象与抗日战争胜利后国

① 中共天津市委党史资料征集委员会. 天津接管史录（下卷）[M]. 北京：中共党史出版社，1994：21.

② 中共天津市委党史资料征集委员会. 天津接管史录（下卷）[M]. 北京：中共党史出版社，1994：59.

民党当局的“劫收”形成鲜明的对比。天津解放短短几天，社会秩序就基本上恢复了正常，入城干部作风艰苦朴素，社会治安稳定，各方面秩序井然。百闻不如一见，国民党过去关于共产党“如洪水猛兽”的宣传，在耳闻目睹的现实面前不攻自破。中国共产党很快就获得了天津人民的广泛支持。

一个秩序混乱、满目疮痍、民心惶惶的天津市，被新生的人民政权治理得面目一新。党的正面形象得到广泛传播，有效巩固了政权。毛泽东同志对天津接管工作评价道：仅用四个多月的时间，就把一个大天津完整地接收过来了。成绩不小，中央是满意的。① 接管后第 10 天即 1 月 26 日，正是农历正月初一，天津人民贴上了春联来庆祝春节，“新春新社会，红旗红太阳”“新制度从春风中壮大，旧时代在冬雪中消融”② 等文字表达了对中国共产党的认可和期待。天津——曾经的“九国租界”，被帝国主义与官僚资本主义压迫了一百多年的老城终于在 1949 年的春天焕发了新生。

第二节　对天津基层民众的思想进行彻底改造

天津长期被帝国主义侵华势力、北洋军阀政客、国民党反动派和各种封建势力盘踞着，天津城乡居民对中国共产党的种种基本问题的认识都模糊不清。天津基层宣传工作当务之急就是要通过一体化的宣传系统，对天津民众进行政治灌输与教育，改造个人的意识，使广大群众认

---

① 黄克诚传编写组．黄克诚年谱［M］．北京：当代中国出版社，2018：173.

② 中共天津市委党史资料征集委员会．天津接管史录（下卷）［M］．北京：中共党史出版社，1994：83.

同和支持社会主义制度，从而最大限度地使政令得到贯彻。

一、根据各阶层特点对症下药

天津是北方最大的工商业城市，刚从旧政权下解放出来的天津居民对新政权的态度各不相同。针对各阶层群众的特点与需求对症下药，从而规范进步分子的思想、争取观望分子、打击震慑混乱分子是基层宣传的主要内容。

第一，提升工人的政治地位与思想觉悟。天津在革命时期处于白区，许多工人对中国共产党并不了解，在国民党的歪曲宣传下，很多人甚至还害怕共产党。天津解放后，党通过多种形式不断向工人阶级普及党的性质、立场、奋斗目标，以提升其政治觉悟。刘少奇同志在天津职工代表大会上讲：“中国共产党是工人阶级中的一部分，这一部分是不怕死的，能打游击、能打仗的、最勇敢、最觉悟的一部分。工人阶级的先锋队伍，就是共产党。”事实上，天津市军管会入城后召开的第一个座谈会就是工人座谈会，黄克诚在会上对工人们恳切地说：工人阶级政治上已经解放，社会地位改善了，也应当积极完成生产计划，为促进经济发展做出大的贡献。会上黄克诚、黄敬等和百余名工人一一握手，工人们非常激动。他们说：“解放军进城了，共产党来了，首先和我们工人见面，听我们意见，我们感到无限光荣和无限自豪。”

除了经常召开座谈会，听取工人的意见，天津市在各种官方宣传渠道都更关注对工人的思想教育。如《天津日报》创刊后，专门在报纸的第四版开辟了“职工生活”专栏，军管会主任黄克诚亲自为第一期“职工生活”题词道：为巩固与加强工人的政治教育，提高工人阶级觉悟。另外，天津市还注重组织工人进行必要的政治学习。天津解放后，天津市成立了总工会筹委会，按产业把工人组织起来建立工会、发展会员，把政治学习作为天津解放初期工人生活的一项重要内容。从上述史实可以看出，天津市在1949年之后做了大量的工作对工人进行以阶级与政策为主的思想政治教育，从而加强了其对中国共产党性质及新政权方针政策的了解和认识，统一了工人的思想意识。

第二，引导农民在政治与思想上彻底翻身。几千年来，封建地主阶级为了维护其反动统治与阶级特权，长期以封建迷信思想蒙蔽和欺骗农民，削弱农民阶级的反抗意识，使他们任劳任怨地为其当牛做马。农民群众饱受传统封建迷信思想的束缚，很多人烧香拜佛，还有人参加了会道门。天津解放后，宣传工作的重点除了城郊土地改革，还包括开设文化站、识字班等文化教育机构，提升农民的文化水平与思想觉悟，被科学武装的农民识破了封建迷信的真面目，很多人烧掉了财神爷、灶王爷的神像，丢掉了“天命论”等愚昧想法，广大农民说“拜佛多年，受苦不断，只有共产党、毛主席才是大救星”①。“男女平等”“婚姻自由”的口号在城郊农村喊得震天响。封建意识形态受到了新思想的冲击，被压迫了几千年的农民阶级在中国共产党的领导下翻了身，不管从政治上还是思想上都成为新社会的主人。

第三，团结和改造民族资产阶级。中国的民族资产阶级深受帝国主义与官僚资本主义的双重剥削，天津作为百年租界地情况更甚，天津的资本家对国民党恨之入骨。但是天津的民营企业家对中国共产党也并不了解。天津解放后，资本家摸不清中国共产党的政策，很害怕，很恐惧，顾虑将来是否会像土改消灭地主那样，也把资本家消灭。如民族资本家宋棐卿所说：“‘剥削者’这个词使大家很畏缩……有人想把钱买

① 中共天津市委党史研究室，天津市档案局. 天津土地改革运动［M］. 天津：天津人民出版社，1998：326.

成黄金埋在地下就算了。”① 对此，天津市积极宣传团结民族资本家的方针，不断召开私营代表座谈会讲明政策。天津市先后召开私营粮食业批发商座谈会、纱布商座谈会、面粉业座谈会，同时配合个别交谈，以打消民族资产阶级的思想顾虑，安心经营。并且积极协调劳资关系，提供相应的政策与便利条件。在天津市的努力宣传下，大多数民族资本家不仅放下了心理负担，积极投入到社会生产中，还感受到了人民政府的优待。接管后的春节，一位商店的掌柜说：“今年警察不要节礼了，杂税没有了，真是解放的新气象”②。银行家紫耀华感慨道：苦难的祖国，终于迎来了新生！奔波半生的游子，终于找到了真正的归宿——跟着共产党，建设新中国。③

第四，改造社会其他阶层。旧天津是历史上三教九流藏污纳垢之地，为了改造旧的社会风气，党和政府进行了一系列繁重和细致的教育工作。天津市取缔了舞场、妓院、赌场、烟馆，严禁赌博、嫖娼、封建迷信活动和吸毒。这方面的从业人员则一面收容，一面处理，结合劳动教育改造，转变其寄生思想，启发其阶级觉悟，引导其形成劳动自立光荣的价值观，并帮助他们学习一些技艺从事生产劳动，他们当中有的前往芦台农场局参加生产，有的加入天津河槽垃圾清除工作队，还有的经过教育后从事其他正当职业。④ 经过一年左右的时间，一千多名妓女改造完成，数百名迷信职业者和惯窃洗手从事正当职业，一千多名吸毒者

① 中共天津市委党史资料征集委员会. 中国资本主义工商业的社会主义改造（天津卷）[M]. 北京：中共党史出版社，1991：40.

② 中共天津市委党史资料征集委员会. 天津接管史录（下卷）[M]. 北京：中共党史出版社，1994：83.

③ 中共天津市委党史资料征集委员会. 中国资本主义工商业的社会主义改造（天津卷）[M]. 北京：中共党史出版社，1991：1048.

④ 解放以来本市民政工作的介绍（1949 年 7 月 2 日）[A]. 天津市档案馆藏，档案号：X0053-C-000112-003.

戒掉了恶习，一万多名乞丐被收容改造。通过思想教育，他们摒弃了旧社会的生存习性，社会风气得到极大净化。

第五，打击洋人在华优越地位。国民党政权统治期间，天津市民深受买办资本家和外国资本家的压迫，民族自尊心和自信心都降到很低的程度。毛泽东同志说过："要提高民族觉悟、发扬民族自尊心与自信心。须知这种觉悟与自信心之不足，是大大妨碍着克服困难的基本任务的。"① 天津解放后，中国人民的地位得到提升。天津市在开展宣传工作时通过打击帝国主义在天津的优越感提升中国人民的地位，激发了普通市民的自豪感和主人翁意识。参与天津接管的工作人员回忆过这样一个事例："就在我们入城后的一天，我在市政府楼上，亲眼看见一个外国女人，牵着一头洋狗，昂首挺胸走进花园。走进园内的中心亭附近，遇着一个中国小孩在那里玩耍，这个女人竟纵狗去咬中国小孩，那个小孩哭叫不已。我看得十分真切，即命警卫员把那个外国女人带进市政府来，工作人员把她狠狠地训斥了一番，并对中国小孩做了安抚。然后把她交给公安机关处理。当警察带着她走出去时，她神情仓皇，穿着高跟鞋在大厅里险些摔倒，引得围观者哈哈大笑。"② 天津市民说："过去对外国人只是毕恭毕敬，谁敢惹呀！现在是真正解放了！"在中国共产党的领导下，"谁也不能再欺侮中国人了"③。被洋人压迫了近百年的天津市民终于在这座城市里找到了主人的感觉，愿意积极付出汗水建设这座城市，他们从心理、情感上对家乡、国家、政党产生了依赖感和归属感。

① 中共中央宣传部. 毛泽东周恩来刘少奇朱德论党的宣传工作［M］. 北京：中共中央党校出版社，1989：7.

② 中共天津市委党史资料征集委员会. 天津接管史录（下卷）［M］. 北京：中共党史出版社，1994：48.

③ 中共天津市委党史资料征集委员会. 天津接管史录（下卷）［M］. 北京：中共党史出版社，1994：357.

二、围绕中心工作展开有针对性的宣传教育

天津市在这一时期的基层宣传工作的重点就是让大家认识到公有制的好处。

天津市在开展有针对性的宣传工作时进行了有效的探索：首先，事先用座谈会、个别访问等方法，深入调查了解不同行业的生产情况和思想情况。要认清对带有浓厚保守性和散漫性的人来说，任何强迫命令、包办代替的工作方法都是行不通的。比如有的区在组织合作社时，只是例行公事叫群众来开会，然后将表格发下去要求第二天上交，结果没有一个人交回，派干部下去收表时，有人就直接说："我们等一下再说吧！"有的干部则正好相反，组织群众开会时说得口干舌燥，但是翻来覆去只是讲大道理，结果有些人就说："组织合作社准是对他们有好处，不然，干吗这么三番五次动员呢？"① 这说明，宣传前一定要事先充分酝酿，耐心细致地了解不同类别人员的顾虑，根据他们的实际需要进行宣传，从而逐渐地诱导、启发和提高他们的政治觉悟，然后再根据具体条件，进行组织工作。其次，在宣传过程中，还要注意发现和培养有威信、有组织能力的积极分子，通过教育积极分子，使他们发挥自身作用去宣传带动群众。以南开区洪垣合作社为例，这个社的成员大部分是做布夹子的家庭手工业者，过去他们给私商做活，受到苛刻的剥削，收入很少，生活相当困难。天津市在开展宣传工作时经过了解发现他们当中有个人叫康兆祥，是街道上的积极分子，在群众中有威信，作风也正派。于是对社会主义公有制的宣传就通过康兆祥来进行，后来，康兆

① 中共天津市委党史研究室，天津市档案局．天津手工业的社会主义改造［M］．天津：天津人民出版社，1998：96.

祥因为肯为大家热心服务，被选为合作社主任，后来成长为有经验的合作社骨干。[①] 依靠群众去向群众进行宣传，既是最有效的宣传方法，也便于树立旗帜，为后期组织合作社培养人才。要进行比较全面系统的宣传教育，才能提高群众觉悟。

三、宣传“全心全意依靠工人阶级”的思想

毛泽东同志曾指示：“明确依靠工人阶级应成为党的指导思想，应把它贯彻到各项工作各个部门中去。”[②] 天津市依此指导原则展开宣传工作。

首先，向工人宣讲中心工作及基本政策。天津解放后，工人阶级的地位也发生了很大的改变。职工群众整体上欢欣鼓舞，但也有些职工对自身政治性质认识不足，产生了一些思想顾虑。主要有以下几类。第一，怕降低工资、福利。比如一区华北造钟厂工人孟某说：“合营后咱们就属于轻工业处领导了。轻工业比重工业工资低，现在国家先发展重工业，咱厂合营后准降低工资。”第二，怕管理制度严、工作累。有这种顾虑的职工，一般是过去劳动纪律不好浑水摸鱼惯了的。如四区华威造钟厂工人张某说：“过去我在铁路工作，就因为累才到华威工厂来的，这次咱厂合营后又跟国有企业一样了。”第三，一部分老工人和技术工人存有单纯的技术观点，对政治漠不关心，觉得不管是不是合营都靠自己的技术吃饭。除此之外还有少数工人对合营抱有盲目乐观的态度，认为解放后什么问题都能解决。针对这些思路顾虑，天津市各区办事处在区委领导下利用讲课、座谈、大字报、广播器、点将台等宣传方

① 中共天津市委党史研究室，天津市档案局. 天津手工业的社会主义改造［M］. 天津：天津人民出版社，1998：97.

② 毛泽东文集（第6卷）［M］. 北京：人民出版社，1999：133.

式向职工进行了系统的宣传教育，使职工深入了解了天津市发展的基本情况，其觉悟程度和政策水平有所提高，之后工作有了目标，有了灯塔。五金站潘敬先、陈敬愚同志说：“过去只听说要实现社会主义，但究竟怎样实现，却不知道，现在可弄清了。”①

其次，生产中通过宣传激发工人阶级主体性。经济要发展，工厂要经营下去，就必须发挥工人阶级的主体性。第一，对工人进行阶级教育和政策教育，充分发动群众。天津市的宣传工作强调教育要与实际相结合，要针对职工具体的思想实际进行教育。采取的步骤是先党内后党外，训练通过骨干密切联系群众、教育群众。宣传时通过技职人员中的进步分子，团结教育中间和落后分子，采取小型座谈或个别谈话的形式，向他们讲清政策，指明前途，消除顾虑，积极生产。零售公司棉布店业务员陈学撞，过去嫌零售工作太忙太累，通过教育学习后认识到：“今天忙是为了更好的将来。”② 工作忙也不觉得累了。第二，建立职工代表大会制度，成立工厂民主管理委员会，发挥职工当家做主的作用。民主管理委员会每月召开一次会议，对工作计划进行制定、讨论和研究，对执行情况进行审查和总结。发扬民主，进行审议，听取职工意见，接受群众监督。同时加强对工人的思想教育，提高他们的政治觉悟，增强责任感，以调动他们的生产积极性和主动性。很多职工逐步明确了企业主人翁的责任感，转变了劳动态度，发挥了积极性与创造性，使合营后的生产有显著的改进。如零售公司何恩利同志学习以后，觉悟提高，工作更起劲了，他们第一加工厂给粮食局加工玉米面，出粉率很

① 总路线宣传教育情况通报（第一号）［A］. 天津市档案馆藏，档案号：X0032-Y-000021-129.

② 总路线宣传教育情况通报（第二号）［A］. 天津市档案馆藏，档案号：X0032-Y-000021-131.

低，他看到这种情况心里就盘算着："每百斤玉米只出面粉九十二点八斤！我不能眼看着国家资财受损失。"因此，就开动脑筋想办法，终于向领导提出了改进意见，使出粉率大大提高，给国家创造了百斤玉米多出三斤半玉米粉的财富。① 如义大染厂、北洋纱厂、新天津染整厂及广大新印染厂等四个厂的职工仅在 1954 年一年就提出 424 件合理化建议，其中被采用的为国家节约了 40 万元。② 永利制碱厂公私合营后产值明显增长。（如表 2-1）宣传教育后工人劳动纪律也增强了，有的厂过去出勤率仅在 80%左右，后提高至 95%以上。③ 过去存在的工人与技术人员的关系、工人与工人之间的关系不好的问题，也因为团结合作教育有了很大改善。恰当的宣传教育在职工中树立起了党的领导权威，在充分发动职工的基础上进行了政治补课，统一了工人的思想认识。通过宣传教育工作，职工觉悟有不少提高，不少优秀分子参加了党团组织，在之后的宣传中发挥了重要作用。

---

① 总路线宣传教育情况通报（第三号）［A］. 天津市档案馆藏，档案号：X0032-Y-000021-138.

② 中共天津市委党史资料征集委员会. 中国资本主义工商业的社会主义改造（天津卷）［M］. 北京：中共党史出版社，1991：599.

③ 中共天津市委党史资料征集委员会. 中国资本主义工商业的社会主义改造（天津卷）［M］. 北京：中共党史出版社，1991：599.

表 2-1　永利制碱厂公私合营前后产值及增长情况表①

时期	年份	单位：千元		
		实际完成	逐年增长%	以 1949 年为 100 增长%
合营前	1949	11658	100	100
	1950	16909	145.04	145.04
	1951	20503	121.25	175.87
	1952	27987	136.50	240.07
合营后	1953	33191	118.59	284.71
	1954	44458	133.94	381.35
合并后	1955	57578	113.19	455.27

① 中共天津市委党史资料征集委员会. 中国资本主义工商业的社会主义改造（天津卷）[M]. 北京：中共党史出版社，1991：829.

第三章

天津基层宣传工作方式（1949—1956）

宣传的形式，是指宣传内容的组织结构和表现形式。宣传者在完成了宣传内容的确定之后，就要用人类社会共同约定的符号、图形把自己的思维具体表现出来，才能把它们传递给宣传对象，使宣传过程继续深入下去，达到想要的宣传效果。“我们党所进行的一切宣传工作，都应当是生动的，鲜明的，尖锐的，毫不吞吞吐吐。”① “进行宣传工作要运用好各种宣传工具。”② 天津市充分吸取了党的宣传工作经验，组织各级宣传部门运用多种宣传方式动员起一切宣传力量，使各个时期的中心工作任务不断地普及和深入到群众中，取得了较好的效果。

第一节　信息传播：发挥常规宣传方式的优势

一、报纸、布告等权威宣传途径

报纸、布告等文字宣传的特点是准确性高，宣传者用文字记录下自

① 毛泽东选集（第4卷）[M]. 北京：人民出版社，1991：1322.
② 刘少奇选集（下卷）[M]. 北京：人民出版社，1985：85.

己的思维后，可以反复推敲、修改，直至完整、严密、准确地表述出宣传内容后，才投入传播，保证了宣传内容的完整一致，是其他宣传形式的基础。其中报纸是党的喉舌，其特点是传播速度快、容量大，有社会权威性，也有相当大的群众市场。如马克思所说："它（报纸）生活在人民当中，它真诚地和人民共患难、同甘苦、齐爱憎。它把它在希望与忧患之中从生活那里倾听来的东西，公开地报道出来。"① 在新的媒体模式形成之前，阅读报纸是许多人的一种生活习惯。在中国共产党的宣传工作中，报纸、布告等文字类宣传方式居于核心地位，是党进行群众性宣传鼓动的重要工具。

中国共产党办报的理论与实践经验均十分丰富。毛泽东同志曾指示："办好报纸，把报纸办得引人入胜，在报纸上正确地宣传党的方针政策，通过报纸加强党和群众的联系，这是党的工作中的一项不可小看的、有重大原则意义的问题。"② 天津高度重视报纸工作。首先，创立党报并管理原有报纸。天津解放时，"天津市共有报社 20 家，报纸 22 种，外文 4 种，中文 18 种。有地位、影响较大的对开报纸有 4 种，其他多为 4 开或 8 开报。发行最多者为 35000 份，最少者仅有 300 余份"③。天津市新创立了《天津日报》，加上复刊的《大公报》（后与《进步日报》合并），以及之后的《星报》《新生晚报》《俄文日报》等，各种类型的报纸成为 1949—1956 年天津市最主要的官方宣传媒介之一。其次，重视报纸内容。马克思说过："党刊的任务是什么呢？首先是组织讨论、论证、阐发和捍卫党的要求。"④ 天津市高度重视报纸

① 马克思恩格斯全集（第 1 卷）［M］. 北京：人民出版社，1956：187.
② 毛泽东选集（第 4 卷）［M］. 北京：人民出版社，1991：1319.
③ 中共天津市委党史资料征集委员会，天津档案馆. 天津接管史录（上卷）［M］. 北京：中共党史出版社，1991：364.
④ 马克思恩格斯全集（第 4 卷）［M］. 北京：人民出版社，1958：300.

内容的政治性与丰富性，市委、市政府要求各单位积极供稿：“凡属作为新闻发表的政府公告及公告性的新闻，可交新华社天津分社统一发给天津市各公私营报社同时刊布，期收宣传普遍之效。”① 后来进一步加强了对《天津日报》供稿的管理工作，要求“较大的单位（除河北船运公司、河北信托部、纤维检验所、全国总社批发站、开滦办事处、天津农业专品社、华东财委会、重工业部办事处、专卖事业采购站外其余单位均为大单位），一律设一个专职或兼职的报道秘书（一般是办公室主任，或机关秘书等），作为党报的特约通讯员，经常为党报写稿反映情况，一般小单位如有条件亦可设通讯员”②。对报纸内容的审查成为当时宣传工作的重点之一，黄克诚在回忆录中提道：“我除了忙于市委和军管会的日常工作之外，还得过问报纸工作。我恐怕报纸出什么差错，要求报社将每天出的报纸大样都要送我审阅，我天天半夜都要起来看报纸大样。”③ 由此可以看出党对宣传喉舌——报纸的重视。再次，报纸在刊印时充分考虑天津本地居民的需求。天津作为最早接收的大城市之一，其各项接管工作都处于探索中，《天津日报》的刊印发行就充分结合了天津本地特点。报纸为对开一大张，四大版，第一版为要闻版，第二版为地方版，第三版为国际版，第四版为专刊及副刊版。为符合天津市作为一个重要经济城市的地位，报纸安排时始终把经济宣传报道放在首位。另外，天津外侨甚多，所以天津的外文报纸也相应地较多。

然而，报纸的宣传范围虽大，受众却十分有限。对于文盲、半文盲

① 凡属作为新闻发表的政府公告及公共性的新闻，提交新华社天津分社统发给津市各公私报社同时刊布［A］. 天津市档案馆藏，档案号：X0053-C-000113-002.

② 中共天津市工商党委会贯彻市委“关于加强天津日报工作的决定”的意见［A］. 天津市档案馆藏，档案号：X0032-Y-000021-041.

③ 黄克诚. 黄克诚自述［M］. 北京：人民出版社，1994：240.

来说，阅读是很大的障碍。因此天津市创造性地设立了与报纸相适配的读报组，这成为1949—1956年天津市重要的宣传方式。读报组通过对报纸解读的方式解决了当时群众普遍文化水平低的困难，扩大了报纸的宣传范围，提高了宣传的力度。

有效利用布告是中国共产党在革命时期积累的宣传经验。红军在长征途中曾经过彝族聚集地，由于其反动统治者长期执行反动民族政策，导致彝汉关系紧张。为了争取对红军不太了解、疑忌颇多的彝族群众的支持，红军在彝族地区张贴了《中国工农红军布告》，痛斥了国民党政府的罪行，重申了工农红军的纪律，鲜明生动地宣传了共产党的民族政策。该布告简单易懂、广为传颂、深入民心，成为中国共产党宣传史上浓墨重彩的一笔。天津解放时也借鉴了此宣传经验，在接管后第二日即在全城张贴接管布告，“布告贴出后，机关前面的中正路（现解放路）上，许多来来往往的人们都止步围观”①。城市居民通过布告尽快了解了新政权的相关情况。可以说，天津解放初期，布告使天津民众尽快了解了军管会的政策，加深了对共产党的认识。由于城市居民非常热衷看布告，在之后的镇压反革命、“三反”“五反”运动的宣传中，党还专门举办写布告的训练班，使布告通俗易懂并具宣传力。

报纸、布告等文字类官方传播媒介虽然权威性强、传播面广、准确性高，但其也有较为枯燥、缺乏有效调动宣传对象情感和共情的缺点。所以除此之外，天津市还充分运用了广播、直播等语音类宣传方式。

二、广播、直播等先进通信技术

语言是最简单的符号系统，也是宣传内容最基本的表现形式。列宁

① 中共天津市委党史资料征集委员会. 天津接管史录（下卷）[M]. 北京：中共党史出版社，1994：46.

曾经将广播称为“不要纸张、没有距离的报纸”。广播与报纸一样，作为权威宣传工具承载着重大政治使命，然而广播比报纸时效性更强。因此，在天津战役中，军管会要求广播电台随军前进，只要进攻的部队占领了电台，便即刻准备广播事宜。接管当晚，党便通过天津人民广播电台（当时名为天津新华广播电台）向市民宣布“天津解放了！”中国共产党以一个胜利者的姿态宣布了新政权的建立。广播作为覆盖面广的现代化宣传工具，利用电台声音极大地安抚了惶惶不安的群众。

天津在开展宣传工作时十分重视广播宣传，多次强调广泛收集电台播放内容与构建有线广播网。当时的主要工作如下：首先，规范广播内容。天津市政府制定了广播电台的基本方针，不仅要求其发布新闻，还向各单位发布通知，要求及时向电台供稿以起到宣传之效。“天津市人民广播电台，专为对天津市人民进行广播而设。本市各种市政建设及工作情况，通过广播，广播给市民，进行宣传教育，很属必要。查此项工作，过去有的单位（如民政局公安局等）与广播电台的联系及供给稿件，做得均较好；但有的单位则很疏忽。今后各单位应重视此项工作，应经常与电台取得联系，并供给材料。如能做到有计划有系统地供给材料，当对我们的工作及对市民的宣传教育，有很好的作用，希各单位研究执行！”① 其次，广播工作与各时期的宣传中心工作紧密结合，使广播内容更加丰富。如在天津市通过广播开展宣传工作时，党委宣传部与天津人民广播电台联合举办“内贸系统增产节约竞赛特别节目”②，着重报道了职工群众在大力推销商品中创造的办法和经验，通过正反事例说明商品排队的重要性，报道了各公司、供应站之间，各单位内部、各

① 天津市人民政府通知［A］. 天津市档案馆馆藏，档案号：X0053-C-000112-003.

② 党委宣传部与天津人民广播电台联合举办“内贸系统增产节约竞赛特别节目”的通知［A］. 天津市档案馆馆藏，档案号：X0032-Y-000021-120.

科组之间，加强团结、互相支援推动完成任务，同时也报道了一些使工作遭到损失的反面案例。广播内容与工人的工作紧密结合，提高了听众的兴趣。同时天津内贸党委会宣传部组织职工进行收听，也保证了广播内容的精准覆盖。再次，积极建设城乡无线广播网。广播宣传的接受对象广泛，不受文化程度限制，故党和政府大力推动城乡无线广播网的建设。天津开展宣传工作时意识到在城市中用无线广播电台进行宣传非常有必要，然而当时天津城市居民只有 10 万余部收音机①，因此天津市政府要求“各国家机关、公营企业工厂，应根据本部门具体情况，在不妨碍生产与交通秩序之条件下，于群众经常零售之场所，尽量装置收音机与播音器”②。天津城郊农村地区，拥有收音机者更是寥若晨星，国民经济恢复后，天津市委向天津电台和市电信局，下达了在天津四个郊区和塘沽区迅速建立农村有线广播网（包括电话网）的任务。③ 电台和电话局共同协商：广播网的主干线和电话线共享，支线和到户的喇叭由电台负责。运送电线杆、铝线等器材和挖坑、立杆、拉线等工作都由乡镇派民工完成。区政府所在地建广播总站，较大的乡建分站，区办节目送到各乡，再由各乡转送到所管各自然村及分散农户，各乡主要是转播区办节目，但也可以自办节目。总站和分站都组织包括编播与技术在内的一套齐全的工作班子。在广播网技术施工的同时，进行编播和技术人员的业务培训。此项工程持续了一年时间，南郊区有线广播站首先开始播音，之后其他各区也陆续播音。天津城乡家家户户的“小话匣子”

---

① 中共天津市委党史资料征集委员会. 天津接管史录（下卷）［M］. 北京：中共党史出版社，1994：369.

② 天津市军事管制委员会通知［A］. 天津市档案馆馆藏，档案号：X0053-C-000112-001.

③ 天津市地方志编修委员会办公室. 天津通鉴（上卷）［M］. 北京：中国青年出版社，2005：325.

里终于传出了声音。在这样大力的推动下，天津在20世纪50年代初即建成了全国第一个大型城乡有线广播网。

电台广播除了能按照节目单进行定期政策宣讲、文娱教育外，还可进行现场直播，让更多的人实时收听会议实况。天津广播电台首创了现场直播，使有组织的现场与无组织的市民声息相通，收听者被带进特殊的情感氛围中，从而被激发起对同一诉求的共鸣感。1951年3月，天津人民广播电台转播了以镇压反革命为主题的天津市、区各界人民代表扩大会议，实况转播的收听人数高达50万，很多会道门道徒听完广播后表示要退道，4小时内退道者就有上万人。1951年4月25日，天津市抗美援朝分会主办的拥护缔结和平公约签名及关于日本问题的投票的广播大会于晚间举行。5小时内签名投票的市民总数达154.36万人，捐款5万余元。自1951年3月至1952年1月，天津市先后举行3次全市性广播大会，每次都有百万人参加。① 广播大会不论形式、名称，还是规模、效果，在全国均属空前，党的声音借助广播到达天津的各个角落。此举受到中央人民广播电台的称赞，“广播大会”成为各省、市争相学习的宣传模式，很快其他省、市也相继举行类似的广播大会。

三、标语、墙报等常规宣传方式

在革命时期，不管行军多么辛苦，红军每到一地，都会立刻开始书写标语、墙报，以达到迅速宣传的目的。有效利用标语、墙报是党革命时期积累的重要宣传工作经验。

标语的特点是高度概论、精炼简洁、好懂易记，一般由几个字、一

① 天津市地方志编修委员会办公室. 天津通鉴（上卷）[M]. 北京：中国青年出版社，2005：327.

两句短语组成，随处可写、张贴简便，一两句简短明了的语言，就把宣传内容的观点反映出来了，其政治性和宣传性极强，是渲染舆论气氛的重要手段。一条含义深刻、用语恰当的标语，就是一面旗帜，有很强的号召力，是配合党的中心工作的重要宣传手段。天津解放后，解放军入城时便通过使用标语口号给天津市民留下深刻的印象。天津市城郊也通过标语进行宣传，鼓励农民积极生产、支援前线。当时在天津城郊农村常用的标语有“努力生产，支援前线”“后方多流汗，前方少流血”“以武装保证生产”等。① 标语渲染了广大农民群众积极生产的劳动氛围。总之，标语以简明扼要的语言，反映宣传的核心意思，能够起到营造宣传气氛、易于迅速传播的宣传效果。

墙报包括黑板报、大字报等形式，常常张贴或悬挂在车间、工地、街头等公共场所，因为覆盖面广，被视为基层宣传的阵地。通过墙报既可以实时报道国际国内形势与政策，又可以报道本社区、本单位相关情况。就城市管理而言，能起到通知宣传作用；就企业治理而言，能表彰先进、揭露问题。广大群众在茶余饭后、工作闲暇便可浏览宣传内容，这使得墙报成为当时社会基层单位经常使用的一种文字宣传形式。由于它制作简便、耗费少、轻便灵活，被广泛使用。以工厂党委的宣传工作为例，因其宣传工作场所多为车间、厂房，因此更多地用到了标语、大字报等方式。

然而，不论是报纸，还是广播，其宣传特点均是单向的，宣传主体与宣传对象互不照面，因而对宣传对象没有约束力。宣传对象带有很大的自主性，如其不感兴趣，便难以实现宣传效果。因此，要想发动群众，还要配合以更能够激发群众热情的宣传方式。

---

① 中共天津市委党史研究室，天津市档案局．天津土地改革运动［M］．天津：天津人民出版社，1998：331.

第二节 发动群众：有效引导群众参与的宣传方式

一、座谈会、讨论会等宣传方式

毛泽东同志说过："过去我们学会了一种工作方式，就是开会。这个方式各处盛行，多年以来我们没有放弃过这种工作方式。"① 天津市在领导宣传工作时，善于运用座谈会、讨论会等形式，以会议为载体达到与群众彼此沟通、相互理解的效果，以协调各种不同的社会利益与矛盾。

座谈会是一种双向的信息传播过程，宣讲者不断发出信息，又不断接收众人反馈的信息，参加交流的每一方既是接收信息的客体，同时又是发出信息的主体。这就增加了信息流通量，增强了双方的互动性和针对性，使信息交流更加准确高效。

天津市的基层宣传工作经常采用座谈会的方式，工作开展时通过召集各阶层代表人物开展大量的座谈会，因为这既符合满足迫切想要了解最新政策的各阶层群众的心理，又能使宣传工作精准、及时地开展，并能迅速、有效地收到反馈意见，契合了"从群众中来，到群众中去"的工作路线。如天津市最早的工人代表座谈会上，当时的市长黄敬首先肯定了工人阶级的政治地位，他对参会工人说："天津现在已经是人民自己的天津了，工人阶级已处于领导地位，当家做主人了，工人阶级应

① 中共中央宣传部．毛泽东周恩来刘少奇朱德论党的宣传工作［M］．北京：中共中央党校出版社，1989：246.

该以主人公的姿态，新的劳动态度积极生产，努力提高生产效率，迅速发展我们的工业，尽快地使我们的经济得到恢复和发展，使我们的物质生活得到改善。”在座的工人听完备受鼓舞。但也有工人提出工资较低、是否可以平分私营企业等想法，黄克诚听完后诚恳地对工人们说：“请大家理解，不要以为一解放物质生活一下就会提高很多，目前困难还比较多，我们国家生产还不发达，这就限制了我们不能有很高的生活水平……私营企业的工人同志们希望和农村土改平分地主土地那样，也平分私营工商业，这是不对的……劳资两利这是党的政策，是从大局出发制定的。”① 座谈会使工人阶级直接了解到党和政府的政策、意图和困难，感受到领导干部的亲切与真诚，迅速摆正了自身阶级地位，扭转了错误的思想意识，座谈会在和谐、融洽的氛围中结束，达到了预期的宣传效果。

除了小型座谈会，讨论会、访谈会、报告会等在天津市的基层宣传工作中都发挥了重大作用。讨论会使很多人更加明确中心工作的内容与意义。如商业局训练班学员在一次讨论会上争论不休，有的同志搞不通现在究竟叫什么社会，他说：“既不是新民主主义社会，又不是社会主义社会，既是过渡时期，那么我们就为过渡阶段而奋斗吧！”百货站有一位团员说：“入团时已经说过了为新民主主义而奋斗到底，现在新民主主义革命已经结束了，还奋斗吗？”② 在内贸系统的讨论会上，职工就“如何改造”也进行了激烈的讨论，有人认为走国家资本主义的道路“麻烦”，主张“一下没收”，化工公司有人说：提个意见吧！要求没收私人工商业的财产。也有的主张大的公私合营、小的一律没收。医

① 黄克诚年谱编写组. 黄克诚年谱［M］. 北京：当代中国出版社，2018：161.

② 总路线宣传教育情况通报（第一号）［A］. 天津市档案馆馆藏，档案号：X0032-Y-000021-129.

药公司有的同志认为在过渡时期我们不能离开资产阶级，他们的理由是：丢掉了资产阶级，五星红旗就变成四个了。① 经过激烈的学习和讨论，大家收获很大，不少职工初步懂得了党中央的政策，搞通了思想，提高了工作热情。如五金站刘学海过去认为贸易工作没前途，学习讨论后认识到，今后一定要把工作熟悉起来，完成自己的工作任务。② 负责售货工作的何玉灿同志也认识了本职工作的重要。她说："卖一袋牙粉，也有重要的政治意义，因为关系着整个国家计划的完成。"③ 这几次讨论会，大家发言热烈，情绪高涨，一致感觉学习收获很大，充分表现了热爱社会主义、热爱本职工作的精神。正是各个系统、各公司组织的多场讨论会，使天津市实现了从上至下、多方位、全覆盖的深入广泛的宣传。

二、树立典型、发动竞赛、举办展览会等宣传活动

中国共产党的工作中，历来很重视正面典型的宣传。毛泽东同志曾指示："应将各地典型的好人好事加以调查分析和表扬，使全党都向这些好的典型看齐，发扬正气，压倒邪气。"④ 模仿是一种社会现象，人们常常会自觉或不自觉地效仿榜样，典型示范法正是满足了宣传对象的模仿心理。树立一个先进典型，就是面向全社会发布风向标，引导人们在模仿心理的作用下将其加以效仿，向其看齐，并逐渐向周围辐射，形

① 总路线宣传教育情况通报（第二号）[A]. 天津市档案馆馆藏，档案号：X0032-Y-000021-131.

② 总路线宣传教育情况通报（第二号）[A]. 天津市档案馆馆藏，档案号：X0032-Y-000021-131.

③ 总路线宣传教育情况通报（第三号）[A]. 天津市档案馆馆藏，档案号：X0032-Y-000021-138.

④ 毛泽东文集（第6卷）[M]. 北京：人民出版社，1999：255.

成一股强大的推动力。所以毛泽东同志强调“综合宜少，典型宜多”。先进典型往往代表着党的事业的发展方向，对群众有教育和激励作用。天津市的基层宣传中精妙运用示范法，做到了抓好典型、宣传典型、用典型指导工作。比如在恢复国民经济时期，为了配合恢复生产建设的中心任务，各工厂都通过评选劳动模范的方式激励职工，劳动模范通过大字报、点将台等宣传平台及时表扬，并在各个场合发言，以起到带动一片的作用。如粮食公司煤房工人张玉林同志在座谈会上说：“我烧锅炉三十多年，过去的生活很苦，解放三年来我的生活提高了三倍，并且还把我评为模范，马局长还给我斟酒，这还不是共产党给我们的？现在我可知道为谁节约为谁工作了”，并表示今后要继续努力工作，把祖国建设好。① 大家在谈论时纷纷表示，深刻地感到祖国的伟大可爱，如工商局包广甫说：“我过去就不愿看中国近百年史，现在看到中国建设的成就和国际地位的空前提高真感到成为一个中国人是值得骄傲的。”② 第一货厂张志明表示：“今后要努力工作，在竞赛中多找窍门、改进业务，给国家积累更多的财富。”③ 百货公司外地推销小组以打出去的办法 15 天即销出商品 400 亿元，超过原估计的 3 倍。粮食公司货厂旁边的职工实行了三十分钟过一个货位的稳、准、快工作法。储运上总结了 3 年来的保管经验，进行了“包装定额工作法”，学习了东北作囤的先进经验，每个囤节省 140 余万元，还有“坐囤铺工作法”。百货公司六科外勤组为找主顾，一天即跑了 128 家私商，推销了 300 余公斤桶子

---

① 工商党委宣传部九月份及国庆节宣传工作总结报告和第四季度宣传工作计划［A］. 天津市档案馆馆藏，档案号：X0032-Y-000021-149.

② 工商党委宣传部九月份及国庆节宣传工作总结报告和第四季度宣传工作计划［A］. 天津市档案馆馆藏，档案号：X0032-Y-000021-149.

③ 工商党委宣传部九月份及国庆节宣传工作总结报告和第四季度宣传工作计划［A］. 天津市档案馆馆藏，档案号：X0032-Y-000021-149.

绒。天津市在开展宣传工作时，针对不同任务树立了许多英雄人物和英雄集体，推动了党的事业顺利发展和各项任务的完成。

劳动竞赛也是常用的宣传方法。喜欢竞技是人类的天性，举办竞技比赛能够让个体陷入参与群体活动的热情中，通过集体体验形成高度一致的共识，从而推动更多的人接受和理解宣传内容。党领导的宣传工作中，劳动竞赛往往与中心工作相结合，如天津市为了恢复国民经济，在宣传时候提出，全体干部群众要在轰轰烈烈的爱国竞赛运动中高度发挥主观能动性，找窍门、挖潜力，为给国家完成增产节约 5000 亿的任务而奋斗的宣传目标，天津各工厂纷纷开展了“爱国主义劳动竞赛”，机械行业提出了“工厂是战场，机器变刀枪”的口号，零售公司通过“竞赛消息”及时地向各零售店传播工作经验。同时天津市内贸宣传部协同内贸竞赛分别组织了观摩组，深入各单位了解情况，找出典型，以党委宣传部为主，结合市店员工会、工商团委召开了内贸 21 个单位的党、工、团的宣教委员专业会议，其中对宣传工作做得比较有成绩、有系统的百货公司进行关于组织领导宣传方式的经验介绍，各单位根据本单位的具体情况，研究讨论具体贯彻，最后由党委做出结论，确定了统一的原则。以此实现了机关宣传工作党的统一领导，党、政、工、团的宣传工作统一思想，并建立和健全了统一的会议汇报制度，做到了互相学习、互相鼓励，因此宣传工作实现了空前的生动活泼，大大发展了它的战斗作用。很多时候，劳动竞赛也会与其他宣传方式相结合，如党委宣传部与天津人民广播电台联合举办多场“内贸系统增产节约竞赛特别节目”，着重报道了“在大力推销商品中创造的办法和经验……怎样改变售货态度，简化手续，便利顾客，以及如何使所有商品和消费者见面。报道中要强调劳动与智慧相结合，反对单穿地利润观点，不讲政策、盲目推销。”① 除此之外，各单位根据自身具体情况，创造和改进了多种多样的宣传形式，这些形式都是生动、活泼、具体、真实的，如百货公司的标语就是切实结合科室的具体业务和职工们的思想动态进行启发宣传的。在运动初期，商品推销科为说明竞赛意义，标语上即写到“商品多推销，工人生产情绪高”“工厂多生产，销到农村就靠咱”。在定计划时，为让大家快销季节货，标语上就写出“夏令货压着钱，今年销不完又要压一年”②。因此他们订的计划是很具体、很实际的。同时他们对完成任务有成绩的同志也以同样的方式进行表扬，巩固了职工的工作热情。另外，百货公司、工业器材公司等单位，制出了很多鼓动性质的图表，如完成任务图表、事故图表、合理化窍门图表、工作效率图表等。这些图表都采取有充分政治内容的形式来鼓舞和提高职工的工作热情，零售公司的“竞赛消息”及时地向各零售店传播着工作经验，并有效批判了运动中的错误认识，纠正了违反政策的行为，以加强增产节约竞赛中的宣传工作。党委深入动员，广泛发动，把爱国主义的宣传内容纳入竞赛范围内，渗透在竞赛环境中，在竞赛过程中激发和强化参与者对爱国主义的认识，极大地鼓舞和提高了职工的工作积极性，也启发了全体职工的爱国热情。通过劳动竞赛，广大职工从被动接受宣传内容，到积极主动参与，在宣传内容的反复刺激下留下深刻印象，这是强化宣传内容的一个有效途径。

此外，展览会、陈列会也是一种艺术性很强的形象直观的宣传方法。通过实地考察，诱导宣传客体感情和思想变化。如天津市在领导加强工农联盟的宣传工作时，发现工人与农民互不理解，相互抵触情绪较

① 通知［A］. 天津市档案馆馆藏，档案号：X0032-Y-000021-120.

② 工商党委会七月份宣传总结报告［A］. 天津市档案馆馆藏，档案号：X0032-Y-000021-144.

强，不利于工作的开展，于是天津市工商党委会组织了城乡物资交流展览会，展览会对大家教育意义很大，大家一致感到祖国可爱，很多工人看到祖国真正是地大物博的和劳动人民创造的智慧，很多农民也认识到只有在工人阶级领导下加强工农联盟才能使革命彻底胜利，只有工业的大力发展才能变中国的农业国为工业国。同时，城乡物资展览会还能有效促进城乡物资交流，通过贸易将城市工业所需要的原料从乡村农民手中收购进来，把乡村广大农民所需要的工业品通过贸易销售到农村中去，从而满足生产发展和人民生活需要，巩固工农联盟。展览会这种方式直观、形象、生动，可以对群众进行实际教育，能够有针对性地解决一些思想认识问题。

第三节　挖掘特色：发扬天津本土的文艺宣传特色

开埠以后，天津文艺兼收并蓄、多元共生，曲艺、戏剧等都在此兴盛流行，年画、泥塑等民间艺术也仍呈现出强劲的生命力。新中国成立前，天津的文化艺术市场丰富活跃，天津市民对各类文艺活动不是一般的喜闻乐见，而是有着罕见的热情。为此，天津解放时即成立了 5 个宣传队和 1 个美术队，积极恢复市民的文化娱乐生活，普遍向群众宣传党的政策。然而中国共产党革命时期的活动范围主要集中在农村地区，宣传对象主要为农民，不管是宣传内容还是宣传形式，都比较单一。为了满足天津城市居民的文化需求，天津市在宣传中挖掘并发扬天津的文化特色，利用天津市民喜爱的多种文艺形式为党的宣传工作服务。

一、以天津相声为主的曲艺类宣传路径

天津素来被称为“曲艺之乡”，各曲种、流派和代表节目衍演繁多。但新中国成立前，由于社会氛围和艺术本身发展的局限，曲艺内容常常建立在轻视和侮辱劳动人民的基础上。周恩来同志说过：“凡是在群众中有基础的旧文艺，都应当重视它的改造。”① 党要将曲艺作为宣传路径，就必须对其进行引导和改造，以摒弃其中旧的不良习气，注入健康的宣传内容，树立正确的政治方向。

天津的曲艺中最有代表性的便是相声。相声“生在北京、长在天津”，到新中国成立前夕已经成为天津地区影响最大的曲种。新中国成立后，党和政府召开名艺人座谈会，鼓励艺人演好戏，努力革新戏曲，宣传新时期的风气。侯宝林、常宝华、全常保等相声演员和文艺工作者在党的指导下成立相声改进小组，掀起了改进相声的高潮，提升相声艺人的文化水平、政治水平，在艺术、娱乐的同时强调政治宣传。一时之间，相声改进小组频繁在各剧院、机关团体、工厂、学校等公众场所进行演出，极大地丰富了人民群众的文化生活。同时，相声艺人还积极参与到党的各项政治活动的宣传工作中，在土地改革、抗美援朝、镇压反革命、“三反”“五反”运动、农业合作化等运动中，均以文艺的方式普及党的政策、方针，为人民服务。如相声大师侯宝林被尊为相声界具有开创性的一代宗师，他带头赴朝鲜慰问志愿军，并为此专门编演了《杜鲁门画像》《狗腿子》等相声作品。后来，他在社会主义建设中积极深入工矿、农村演出，并编演了大量反映现实的相声，如《离婚前奏曲》《服务态度》《妙手成患》《砍白菜》《宽打窄用》等。再如当代

① 周恩来选集（上卷）［M］. 北京：人民出版社，1980：354.

相声泰斗马三立也主动申请参加赴朝慰问团，回国后加入天津广播曲艺团，致力于相声的整旧创新，其演绎的相声《买猴》创造了沿用至今的词语——“马大哈”，《买猴》不仅在群众中家传户诵、妇孺皆知，且受到毛泽东、周恩来等时任国家领导人的较高评价。享誉京津的相声艺术家常宝堃（艺名小蘑菇）在1949年出席了中华全国文学艺术工作者第一次代表大会，他深受鼓舞，自觉地将相声内容与新中国的新局面、新成就结合起来，也积极热情地参与到各项政治运动的宣传中来，不幸的是常宝堃在前往朝鲜前线慰问志愿军战士时牺牲，被追认为革命烈士。他改编的相声《新灯谜》① 热情地歌颂了新生活。

天津的相声艺人在舞台上，矢志不渝地以相声为武器积极为人民服务，为社会主义服务。相声艺人在深入群众的过程中，也开阔了视野，增加的生活积累，为繁荣创作打下了良好基础。相声是市民艺术，它的内容、表演风格都非常契合天津市民的需求，经过改进后，新中国成立后的相声表演清除了庸俗内容，加强了健康和政治宣传的因素。一些文艺新人，特别是来自工厂的工人作者，纷纷崭露头角。相声反映的生活面日益广阔，全国的新变化都在相声的内容中得到了生动的反映，得到了群众的共鸣，深受广大男女老少的喜爱，也成为天津市开展宣传工作最重要的途径之一。

除了相声之外，快板、天津时调等也是流传较为普遍的艺术形式。著名快板演员李润杰在传统“数来宝”和“快板”演唱的基础上，守旧创新，大大丰富了快板的语言、表现手段和舞台表演艺术，使得天津快板风靡一时，广受城乡工农兵群众的喜爱。当时很多工厂车间的工人都能打快板，有许多工友都在衣袋里装着竹板，碰到人多的地方就随时

① 天津群众艺术馆．天津十年曲艺选（1949—1959）［M］．天津：百花文艺出版社，1960：2-4.

随地唱起来。他们利用车间小舞台，在餐饮、修整间隙，根据车间情况、真人真事编成快板，群众边吃边看，喜闻乐见。① 天津时调是天津独有的曲种，产生于清末民初。这些小调带有浓郁的乡土气息，语词通俗、声调高亢、韵味醇厚，很适合天津人的审美情趣。新中国成立前，受到社会环境的影响，天津时调也难免沾染庸俗低级的风气。新中国成立后，天津时调弃旧图新，20 世纪 50 年代以来，王毓宝异军突起，拓宽了党的宣传载体，丰富了群众的文艺生活，也使这一本土曲种再现生机，流传至今。

二、以话剧为主的新剧类宣传路径

话剧从一开始就是革命者和进步的文艺工作者唤起民众的重要路径，天津被公认为北方话剧运动的中心，从话剧的开拓者李叔同，到进步话剧的推动与发展者张彭春、曹禺，再到南开新剧团的骨干周恩来等，都以天津为据点，引导着市民从话剧小舞台认识国际大舞台的风云变幻。

天津市民对话剧有着高度的热情，天津市开展宣传工作时组织了不少话剧演出，在群众中很快引起了热烈的反响，如中纺的工人说："国民党那（哪儿）想到咱们这些穷工人？只有共产党真正看重咱们工人，解放几天就跑这给咱们演戏!""你们演的戏是替咱穷苦人民说话的!"同时，党委宣传部和各工会积极组织各工厂、社区成立话剧团，鼓励群众自编自演自唱，仅 1949 年的工商业系统，便成立了四十几个文艺组织。然而，一开始很多人在旧时代的艺术观点的影响下，在演什么、怎

① 一九五二年工会宣传工作总结［A］. 天津市档案馆馆藏，档案号：X0044-Y-000312-004.

么演方面存在不少错误的认识：第一，对话剧娱乐功能与政治教育功能的关系混淆不清。一开始组织话剧排演时，有人认为话剧应该以单纯的娱乐为目的，演出时总喜欢装扮为花花公子、时髦小姐，或者为了凑热闹在舞台上扮小丑、丑婆子，不是脸上画个乌龟，就是手里提个夜壶，并说“这本身就是调情凑热闹的玩意儿，不这样就不会有人看了”。还有人说：“排戏就是为了玩儿，我们不谈政治。”① 这样的观点单纯强调话剧的娱乐性，忽略其政治教育功能。第二，对话剧服务对象认识不清。一开始，部分话剧在排演时只强调文艺的表达，轻视劳动人民，存在蔑视工人群众的态度。如有人认为演话剧时扮成工人“没意思”“不够艺术，太俗”“工人粗声粗气有嘛可演”。② 这种错误观点没有搞清楚新中国的话剧是为人民群众服务的中心思想。第三，对话剧表演的目的不甚清楚。有部分群众虽然热衷于话剧表演，但并不清楚其目的是什么，因此话剧排演中存在出风头主义，有些演员只想演大戏，觉得只有大制作的话剧才能显得“自己有技术”，非大戏不演，觉得“排大戏，不演也有名”③，从而抵触去厂里、社区做临时演出，觉得没意思。这种错误观点没有弄明白话剧表演的目的，不仅仅是满足个人的表演欲望，更是要通过表演宣传党的政策，丰富群众的精神生活。

面对这些错误的思想，党委宣传部与各工厂工会积极进行引导教育，使群众认识到自己不仅从政治上翻身，在文艺上也翻身了，因此文艺作品要积极表达自己，同时文艺也承载着引导群众树立主人翁意识的

① 荒煤，周巍峙. 天津解放以来文艺工作经验介绍［M］. 天津：天津人民艺术出版社，1949：8.

② 荒煤，周巍峙. 天津解放以来文艺工作经验介绍［M］. 天津：天津人民艺术出版社，1949：9.

③ 荒煤，周巍峙. 天津解放以来文艺工作经验介绍［M］. 天津：天津人民艺术出版社，1949：9.

责任。再加上工人、群众阶级意识提升，对旧文艺也表达了不满，如东站机务段机友说：“工人剧团，要演工人的戏，为工人服务。”还有人明确表示：“现在是我们工人学生及广大人民庆祝自己的解放，表现自己愉快热烈的情绪，化装成花花公子，时髦小姐，有什么意义？”还有人说：“把穷人画成小丑，随便耍，这就是对劳苦人民的侮辱”，“我们工人阶级还继续搞这些东西，岂不是对自己的讽刺，丢自己的脸？”① 在这样的思想引导下，很多话剧团的人逐渐转变了自己的思想，把那些旧的作风改掉了，形成了正确的认识。他们开始认识到文艺是为人民服务的，是提高职工思想、发展生产的有力工具。因此，很多话剧团在表演时选择了经典曲目，如《兄妹开荒》《夫妻识字》《一朵红花》等，这充分说明解放区的文艺受到了广大群众的认可与欢迎。天津的文艺工作者还将其改编，用来解读新的生产关系，如当时在天津各单位巡演多场的《太阳出来了》就是根据白毛女改编而成的。除此之外，党委宣传部还指导群众自己创作，鼓励他们写出带有本地、本区、本厂特点，促进生产发展的剧本。很多人创作热情高涨，如有人说：“咱没有经验慢慢来，要把咱厂的模范，生产积极的搬上舞台！”天津解放不久，一大批反映天津新变化、市民日常生活的剧本涌现出来，如摩托橡胶厂的《为人民牺牲》，中纺五厂的《解放前后》，仁立毛呢厂的《不同的环境》，中纺机器四厂的《天亮前后》，邮局的《傍晚到天明》，等等。这些自编的剧本虽然比较朴素，但很好地反映了过去被压迫的生活与新中国成立后新的姿态，歌颂劳动的光荣，与发展生产的实际密切结合，不仅丰富了广大群众的文艺生活，还能寓教于乐，为政治、生产服务。如对棉纺各厂来说，当原棉不好时，皮辊花普遍增加，工人的思想上起了

① 荒煤，周巍峙. 天津解放以来文艺工作经验介绍［M］. 天津：天津人民艺术出版社，1949：10.

很大波动，都认为不能执行“韩建秀工作法”，有的就说“没法做不如歇工”，也有的说：“不好做就坐着，还不是少赚几个钱呗！”有的急得没办法，见了开大花就哭，失去了克服困难的信心，出勤率逐渐下降。面对困难，各厂的文艺工作队充分发挥了自身优势，普遍地开展了文艺宣传，如棉纺三厂编了“向红棉做斗争”“窍门克服了困难”等剧，结合了小组讨论，很快地扭转了怕困难的情绪。如准备车间张石秀说：“原来想请假歇几天，看完了剧不请了！”细纱车间的皮辊花很快地由900磅降到600磅，棉纺五厂也编了《不向红花低头》《不向困难低头》等剧，在克服原棉困难中都起了一定作用。① 文艺工作热火朝天地开展起来，受到广大群众的欢迎，连过去不爱看戏的人也很爱看新戏。中纺三厂工人说：“过去国民党时候，我们也看过戏……演的都是爱情故事，一个女人碰到男人如何如何，谈恋爱马上就结婚了……那（哪）有过劳动的场面。”还有人说：“我们看得真有劲，真好过，处处都是劳动的心情，像这样子中国五年后比那（哪）国也会强的。”也有人看了话剧表演后高兴地说：“真是新生活开始了！”② 可以说，话剧表演极大地提升了群众的阶级意识，端正了劳动态度，鼓舞了生产情绪。在各文艺组织中，工人起到了骨干作用，各剧团的成员中青年工人占的比例最大，许多劳模、干部也都参加了具体工作和表演，很多女工也开始主动参与进来，大家都没有怨言，加班加点地排戏演出。有人总结原因说：“解放了，得到了民主，自己庆祝自己，多快活，多光荣啊！累的

① 一九五二年工厂文艺工作总结（1953.3.13）［A］. 天津市档案馆馆藏，档案号：X0044-Y-000312-006.

② 荒煤，周巍峙. 天津解放以来文艺工作经验介绍［M］. 天津：天津人民艺术出版社，1949：22.

自己也光荣啊，体面啊，不怕‘羞’了。”① 如“棉纺三厂的一些劳模、车间主任也参加了演出，市特等劳模张淑云也参加了剧团演戏”②。中纺二厂的工人剧团，在华北职工代表大会上表演的话剧，吸纳的均是从未演过戏的工人，但是大家排演时十分卖力，最后演出十分成功，各代表都夸这个剧政治意义好，还有很多厂都邀请他们去演出。③ 同时也积极吸收工人家属参加。有工人家属在演戏后高兴地说：“谁能想到我这带三个孩子的人还能参加演剧呢?”④ 由于把文艺活动看成自己的事，很多工人、群众在参与时十分开心，有些铁路工人捐钱给剧团，帮助剧团赶布景、制道具。好些工厂剧团的成员像爱护机器、爱护自己的工厂、爱护自己的家庭一样从各方面爱护自己的团体，团结一致地为群众奉献最好的演出。各工厂、单位、学校的文艺活动不断，虽然都是利用间隙时间，但形成了一种持续性的表演，很好地宣传了党的政策，提升了群众的思想觉悟，引导形成了新的社会价值观。这是天津市民主人翁意识的最明显、最集中的表现，他们已自觉地在自己的舞台上表演自己、歌颂自己，他们已真正成为文艺的主人、天津的主人。

三、以杨柳青年画为主的民间艺术类宣传路径

年画是中国一种古老的民间艺术，天津人贴年画庆贺新年的风气尤

---

① 荒煤，周巍峙. 天津解放以来文艺工作经验介绍［M］. 天津：天津人民艺术出版社，1949：11.

② 一九五二年工厂文艺工作总结（1953.3.13）［A］. 天津市档案馆馆藏，档案号：X0044-Y-000312-006.

③ 荒煤，周巍峙. 天津解放以来文艺工作经验介绍［M］. 天津：天津人民艺术出版社，1949：26.

④ 荒煤，周巍峙. 天津解放以来文艺工作经验介绍［M］. 天津：天津人民艺术出版社，1949：11.

为浓厚，这寄托着他们对未来的希望，反映了人民朴素的风俗和信仰。杨柳青是天津西郊一个镇，镇上“家家会点染，户户善丹青”，杨柳青年画与南方著名的苏州桃花坞年画并称“南桃北柳”。杨柳青的艺人们创作了大量内容丰富多彩、美术造诣很高的年画，既具有鲜明的艺术特色，也带着浓郁的乡土气息，深受北方农村和城镇居民的欢迎，是天津民间艺术的代表。

早期杨柳青年画的内容大抵以反映人民的生活、思想情感、美好愿景等为主，但也不乏以政治为主题或展现出强烈爱国情感的作品。如以天津教案为主题的《火烧望海楼》、以中法战争为主题的《刘提督克复水战得胜图》、以义和团斗争为主题的《天津城埋伏地雷董军门大胜西兵图》、《天津北仓义和团大破洋兵》《恢复天津》① 等作品，由民间艺术家根据时事内容、所见所闻绘制而成，有较强的时代性与政治性，表现了当时天津人民不可欺侮的民族精神和反帝爱国激情。但是时代的动荡对杨柳青年画的传承造成了沉重的打击，曾经兴盛一时的杨柳青年画逐渐销路断绝、一蹶不振。

天津市在开展宣传工作时十分关注民间文化艺术的发展。1949 年 11 月，中央人民政府文化部发布《关于开展新年画工作的指示》，要求将新年画出版工作作为文教宣传工作的一项重要任务。② 杨柳青年画是新年画发展的重要载体，天津市高度重视杨柳青年画的复兴与发展工作，成立了杨柳青画店（互助组、画社），举办了杨柳青年画评选活动，进行了年画的调查和征集工作。一批由民间老艺人与中青年画家组成的美术团队逐渐形成，他们剔除了旧年画创作中的封建、迷信等主题

① 天津市艺术博物馆. 杨柳青年画［M］. 北京：文物出版社，1984：22.

② 天津市地方志编修委员会办公室. 天津通鉴（上卷）［M］. 北京：中国青年出版社，2005：314-315.

内容，摒弃了过去封建统治阶级道德观念和小市民阶级庸俗意识为主导的思想意识，创作出大量具有优秀传统的、内容丰富、思想健康、形象优美的新型年画，用农民所熟悉与喜爱的形式来反映群众的新生活和新要求，从而激发人民对祖国和社会主义事业的热爱。新年画从过去以“缸鱼”和“娃娃”为主题，转而开始描绘现实生活。如新年画的代表作《选举图》，表现了农民们在民主、自由、严肃、认真地选举为他们自己办事的人，人物的性格、表情刻画得极为生动。其他的代表作如《做军鞋》，描绘了妇女们为战士们做鞋子的场景，人物表现得非常生动愉快。如《领土地证回来》，表现出全家老幼欢天喜地地分得了土地，画中每个人的面貌性格均形象地表达出来。另外，有以农耕为主题的窗花系列组合，表现了天津近郊农民分地后积极投入生产的热情和农业发展的欣欣向荣。年画开始描绘农民在新政权里的欢乐生活，他们在自己的土地里积极生产、丰衣足食，投入社会主义建设的场景。

20世纪50年代，周恩来总理曾到杨柳青画社视察。在党和政府的关怀下，以杨柳青年画为代表的新型年画展现出强劲的生命力。仅1951年，天津市就出版年画43种，发行250多万张。至1952年春节，出版年画104种，发行700多万张。① 新年画的发展打败了旧势力统治的年画市场，为群众提供了新的精神食粮。有人评价新型年画是“人民的艺术，反映了人民真实的生活”②。以杨柳青年画为代表的新型年画在群众中生根，不只说明它自身的成就，同时也体现了只有为广大人民群众服务、反映群众新生活新面貌的艺术，才有前途与生命力，一种

① 天津市地方志编修委员会办公室. 天津通鉴（上卷）[M]. 北京：中国青年出版社，2005：314-315.

② 荒煤，周巍峙. 天津解放以来文艺工作经验介绍 [M]. 天津：天津人民艺术出版社，1949：88.

新的人民美术在成长着。除了杨柳青年画外，天津还有以“泥人张”为代表的泥塑艺术、以“风筝魏”为代表的风筝制造艺术等，民间艺术在新的时期既拥有了欣欣向荣发展的土壤，也为党的基层宣传工作提供了多样化的载体。

天津基层宣传工作使广大人民群众在文化上也翻了身。一时之间，天津的文化市场十分活跃，除相声、话剧、杨柳青年画外，天津时调、快板、天津法鼓、塘沽版画、泥塑等也生机勃勃地发展起来。天津市也积极发掘具有地方特色的艺术形式作为宣传的路径，以此普及党的方针政策，引导新的社会风尚。人民群众积极参与各项艺术活动，表达对新生活的歌颂。

第四章

天津基层宣传工作保障机制（1949—1956）

近代天津是北方最大的工商业城市，由旧天津遗留下来的反革命组织、美蒋特务、帮会组织、封建把头、行业恶霸、反动会道门等旧恶势力仍很猖獗，严重地威胁着新生政权的巩固和人民的生命财产安全。中国共产党接管天津后坚持党管宣传的原则，在党的坚强领导下，天津通过建立健全宣传机制、打造高素质宣传队伍、重视群众性宣传途径，建立了一整套严密的城市组织体系及宣传动员机制，为基层宣传工作的开展提供了“天津样本”。

第一节　加强宣传机制建设

宣传是教育和引导党员干部和人民群众为实现党的路线、方针和政策而奋斗的根本途径，其主体是党组织。在中国近代史中，天津不仅是北方最大的工商业城市，而且是京畿重地的门户和南北漕运的枢纽，这一特殊的地理位置以及城市自身的实力，让天津成为各方势力争夺的焦点。同时，天津城市的发展导致其工人阶级队伍极其庞大，这使得天津早期党组织既有发展机遇又始终受到敌对势力的觊觎。天津地方党组织自20世纪20年代建立以来就高度重视宣传工作，但由于早期天津地方党组织覆盖面小，宣传的受众群体少，广大人民群众对中国共产党还很陌生。天津解放后，天津市通过完善基层党组织、健全宣传机构、建立宣传网等进一步完善了宣传机制，为在顺利接管天津、恢复经济发展、实现社会主义改造等一系列重大行动中的宣传动员提供了机制保障。

一、天津各级宣传机构的完善

中国共产党从成立起就非常重视宣传工作，宣传机构也经历了从无到有的过程，宣传机构虽历经变迁，但最终保留下来并逐渐规范化。天津解放后，各项事业都处于百废待兴的状态，党中央积极筹备建立各部门。刘少奇同志强调“宣传机构要加强，人力、物力都要加强”①，中央宣传部门的工作由于有较长时间的积累，其组织机构较为完善，然而与之不同的是，各地方尤其是之前国统区的核心城市的宣传部门还不够规范。为进一步加强与人民群众的联系，党不断完善各级宣传机构，以更广泛地向人民群众宣传党的政策和思想。

天津地方党组织的宣传机构有一定的历史渊源，1924年9月，中共天津地方执行委员会成立，下设组织部、宣传部和农工部。天津地方党组织虽历经多次改组变迁，但宣传部作为统筹全市宣传工作的机构一直保留。由于封建军阀和国民党的白色恐怖统治，党的宣传工作处于地下开展状态，党组织各个部门的人员很少，每个部门都有宣传发动群众的职责。天津解放后，天津市委设置宣传部负责宣传工作，市委宣传部与军管会文教部为同一套机构，配备了部长及副部长各一名，下辖报

① 刘少奇选集（下卷）［M］. 北京：人民出版社，1985：84.

社、文艺处、新闻出版处、教育处、秘书处5个机构，也分别配备了一正一副两名负责人。天津市对市内的11个区均组建了区委，并逐一明确了区委主要领导和区委委员，这其中区委宣传部部长由区委委员担任。各区委又迅速组建街公所，“每个街公所下辖民政、户政、文教、合作、调解五个委员会”①，市、区、街三级宣传部门通过大力宣传党的城市政策，迅速稳定了各阶层心理，为顺利完成接管工作发挥了重要作用。在这一过程中，市、区虽然明确有宣传部，但宣传部的主要工作并非专职宣传，此时市、区委每个部门都承担着宣传的职责，主要工作是深入人民群众，与人民群众建立联系，稳定社会秩序，恢复生产，这就导致解放初期天津存在专职宣传机构不健全、宣传部职责不明确的情况。

宣传机构不完善的情况在全国范围都普遍存在，为了使党的宣传部门能够切实发挥最大效能以进一步加强宣传工作，1951年2月中共中央召开了全国宣传教育工作会议，出台了《中共中央关于健全各级宣传机构和加强党的宣传教育工作的指示》（以下简称《指示》），《指示》指出：“为了有系统地建立并加强党的宣传教育工作，加强和统一党对思想工作的领导，必须将目前各级党委宣传部机构残缺不全和工作范围狭隘的状况，予以改变。”② 同时，《指示》指出目前各级党委宣传部存在的问题：“各级宣传部很少注意党内外的思想动态，对马列主义、毛泽东思想更少有系统的宣传。县委宣传部很多是有名无实，名为宣传部，实则不管宣传工作。全党绝大多数支部，缺乏经常的宣传工

① 中共天津市南开区委党史研究室. 中共天津市南开区历史（1949—2010）［M］. 北京：中共党史出版社，2011：6.

② 中共中央文献研究室. 建国以来重要文献选编（第2册）［M］. 北京：中共文献出版社，1997：75.

作。关于党的宣传工作与政府的文教工作之间的分工，大都混淆不清。”为改变这一现状，中央要求“各级党委必须定出计划，在一两年内逐步充实宣传部的机构与人力”，并进一步明确“各中央局、中央分局、省委、市委、区党委的宣传部得设立理论教育处（监管学校）、宣传处、文化艺术处、报纸出版与广播处及干部管理处（或称科）。地委、县委宣传部得视工作需要分设若干科，或在部长下设若干干事分别进行必要的分工”,① 除此之外，《指示》还对各级宣传部的主要工作任务从群众宣传、理论教育、文化艺术、学校教育、报纸广播、书刊出版、干部管理 7 个方面做了详细规定。

根据中央的指示精神，天津市委对市一级的宣传机构进行了相应的调整，在各行业及各单位党委也设立了宣传部专职开展宣传工作，如天津在工商、内贸等行业党委中均设立了宣传部，负责对下属各部门、单位开展经常性的宣传活动。通过一系列调整，天津的宣传组织机构相比解放初期有了很大的改观，从人员配备到工作职责都趋向规范。

二、天津市宣传网的建立

刘少奇同志说：“只要我们把宣传组织建立起来，宣传部门的工作搞起来了，经常有人管理宣传工作，就可以建立党的经常的宣传工作。”② 1951 年 1 月 1 日中央发布了《中共中央关于在全党建立对人民群众的宣传网的决定》（以下简称《决定》），《决定》中提出“要有系统地建立对人民群众的经常性的宣传网，即在党的每个支部设立宣传员，在党的各级领导机关设立报告员，并建立关于宣传员、报告员工作

① 中共中央文献研究室. 建国以来重要文献选编（第 2 册）［M］. 北京：中共文献出版社，1997：76-78.

② 刘少奇选集（下卷）［M］. 北京：人民出版社，1985：89.

的一定制度”，其中宣传员一般由党支部从党员、青年团员或人民群众中自愿在党的领导下担任宣传工作的劳动模范和其他革命积极分子中选取，宣传员的主要任务是在党组织领导之下，经常向自己周围的人民群众用简单通俗的形式进行关于国内外时事、党和人民政府的政策、当前面临的直接任务和其他工作中的模范经验的宣传解释，批驳各种反动谣言和在人民群众中流传的错误思想。报告员由省、市、地方、县和区的党的委员会的书记和委员，在省、市、地方、县和区的人民政府中担任负责工作的党员，以及其他由上述各级党的委员会所指定的党员担任。报告员是高级宣传员，是宣传员的领导者，主要任务是直接、经常地向人民群众做关于时事、政策、工作任务、工作经验的系统的报告。通过建立宣传员、报告员制度，在各党政机关、各行业、各单位形成了从上到下的宣传网，实现了宣传全覆盖。

正如刘少奇同志所说，“宣传是光荣的岗位”①。按照中央精神，天津市委立即开始在全市建立宣传员和报告员制度，在各级党的领导机关设立报告员，在每个党支部设立宣传员。截止到 1951 年 8 月，“成立了以市委书记黄敬等 50 人组成的市级报告员网，至 9 月中旬，全市共有 400 多个单位建立了宣传网”②。随后各行业、各单位设立宣传员，宣传网基本建立完成，宣传网成为宣传党的各项路线、方针、政策的有效途径，如中共天津市工商党委会在 1951 年下半年宣教工作报告中就指出，“在下半年重新有重点的整理了宣传网组织，并又在几个单位建立了宣传网，截至目前共有花纱布、百货、信托、零售、土产、监业、茶业等公司及华北合作货栈、工商局等就各单位正式建立宣传网组织，共有宣传员 126 人，这些宣传员在历次政治运动及工作上均起到了桥梁作

① 刘少奇选集（下卷）[M]. 北京：人民出版社，1985：52.

② 中国共产党天津历史 第二卷（1949—1978）[M]. 北京：中共党史出版社，2015：77.

用，通过宣传的方法，具体解释了党的政策，鼓舞群众的政治热情，使党的政策在群众中得到顺利执行，因而对各种工作的完成起了一定推动作用"①。除此之外，各单位还建立了宣传员制度，如"不定时的卡片汇报和半月一次的宣传小组会（交流经验）及一月一次的全体宣传员会（总结布置工作）"②。

随着天津市宣传网的建立完善，从市区到郊区、从党政机关到企业工厂，党的宣传员无处不在，宣传网覆盖了天津市。宣传网对贯彻落实党和人民政府的各项方针政策，完成党的中心工作，推动各项事业的发展发挥了积极作用。宣传网制度主要是借鉴苏联的宣传模式，随着党组织覆盖面的逐渐扩大以及宣传机构的逐渐完善，宣传网模式也显现出了局限性，宣传网的设置与党组织的宣传机构有一定的重复性，时任中宣部部长的陆定一于 1956 年 3 月在上海检查宣传工作时提出："宣传网在党团工会外另立系统，经常汇报实际上是占了工作时间，添了忙乱，反而使宣传员没有可能利用时间去向工人做宣传工作。其实，党委宣传部要了解思想情况，经过党、团、工会、行政等系统就足够了，用不着直接听宣传员一个个来汇报，至于宣传员，不是团员，就是党员或是工会会员，用不着另外再有一套独立组织。以前工厂里没有党的组织，搞一批宣传员还有些道理可说，现在已经没有这个单独组织的必要。"③ 因此，宣传网逐步退出了历史舞台，但不可否认的是，它在早期为密切党和人民群众的关系发挥了极其重要的作用。

---

① 中共天津市工商党委会一九五一年下半年宣教工作综合报告［A］. 天津档案馆藏，档案号：X0032-Y-000021-141.

② 工商常委系统关于贯彻政治准备思想领导的决定的执行情况［A］. 天津档案馆藏，档案号：X0032-Y-000021-001.

③ 中央宣传部办公厅. 党的宣传工作文件选编（1949—1966）［M］. 北京：中共中央党校出版社，1994：356.

第二节 强化宣传队伍建设

意识形态工作是中国共产党一项极为重要的工作，而有效的宣传则是占领意识形态领域最为有力的武器。天津市在1949—1956年的宣传工作要保证党的各项方针政策在宣传中不走样、不变形，打造一支素质过硬、信念坚定的宣传队伍就显得尤为重要。

一、扭转进城党员干部的思想

中国共产党从革命党成为执政党后，党的主要任务发生了变化，这就要求全党必须适应这一变化，每名党员干部都要成为建设国家的专家能手，学会社会主义建设所需的各种本领。而天津解放后，部分党员干部由于自身原因未能及时适应城市管理工作，从而产生了消极思想。随着各项工作的开展，部分党员干部逐渐显现出思想认识不足的问题。如部分进城接管的党员干部由于文化程度低，开展城市管理工作时在与知识分子及党外干部交流中存在思想不对称的情况，对城市中的一些现象不理解，工作中经常碰钉子，导致情绪低落。还有部分党员干部是从地下党员转换而来的，由于受条件所限，对党的基本理论和政策了解不多，在新环境中开展工作显得力不从心，思想跟不上行动。这导致一开始部分行业的宣传力度没有跟上形势。

刘少奇同志说过："宣传部要设专门的机构来管理论教育……我们应该在党员中间普遍进行基本理论的教育。"① 天津市敏锐地认识到要

① 刘少奇选集（下卷）[M]. 北京：人民出版社，1985：87.

及时转变进城干部的思想，为此各基层党支部普遍对党员开展了集中学习，就党的基本知识、党的城市政策以及党的七届二中全会精神等向党员干部进行了培训，虽然通过党支部学习解决了一些思想问题，但并未做到全覆盖。为进一步加强全市党员干部的队伍建设，扭转进城党员干部的思想，1949 年 7 月 23 日，天津市委颁布了《关于加强干部教育的决定》（以下简称《决定》），《决定》中就存在的农业社会主义思想残余、小资产阶级的急性病，以及正在滋长着的无组织无纪律和个人享乐主义倾向进行了批评，并指出这一现象的根源是由于干部队伍的无产阶级意识及政治理论水平不高，要求全市党员干部动员起来加强学习。从 1949 年 7 月至年底，天津市分三个阶段对全市的党员干部开展了思想教育：第一阶段着重学习七届二中全会决议、毛泽东同志的系列讲话等；第二阶段着重学习社会发展史、党的城市政策、土改政策等；第三阶段着重学习政治经济学。

1951 年 4 月起，根据工作需要，市内各单位的学习指导员、各党委的宣传部部长、各报社的编辑记者、中学校长、各群众组织的宣传干部以及大学教师被统一组织起来，对世界近代史、中国近代史、中国革命基本问题、马克思列宁主义等内容进行了学习，这使得党员干部增强了用辩证唯物主义和历史唯物主义去认识问题、解决问题的能力，取得了显著成效。如天津市工商党委系统在 1952 年对所有党员、团员及积极分子展开了党课教育，并视具体情况吸收一般群众自愿听课。教育材料以“怎样做一个共产党员”为根据，同时密切结合各单位之实际情况充实讲课内容，本着需要什么充实什么的精神进行教育。除新党员及水平较低的老党员、群众积极分子、团员必须以上课方式进行教育外，对斗争经验较长、水平较高并学习过八项条件的党员干部，根据具体情况，由各委员会组织自学，学习内容以“论共产党员修养”“论党”等文件结合主要思想及有关政策问题分段进行学习。在教育时间上，规定在每周六下午进行（个别单位有困难可根据具体情况自定时间，但不能长期占用星期日干部休息时间），采用一周上课一周讨论的办法（自学者时间同），同时在讨论中要强调联系个人思想认识，通过讨论进一步领会文件精神，并结合批判自己的错误思想，使自己提高一步。通过教育党员对党的性质有了较明确的认识，认识了党是工人阶级的政党，工人阶级之所以成为革命的领导阶级，是因其本身具备了优越的条件，以及其他阶级出身的人参加共产党，必须首先叛变自己原阶级，站在工人阶级立场上，同时参加共产党的人必须是工人阶级中的最先进的优秀分子，从而纠正了认为党是“农民党”“工农联盟党”等错误认识。同时由于党课注意到了农民对革命的作用，所以一般人对农民阶级亦有了正确的认识。如零售公司总支部首先从领导思想上重视了掌握思想动态这一工作，该总支副书记郭泽长同志（行政副理）亲自听取宣传员汇报思想情况，经过分析研究后，针对存在的问题进行教育，结果收效很好。该公司在评薪当中有些干部为评薪闹地位、不积极工作，根据此种情况，结合党课讲了“荣誉是属于人民的”，选择干部要根据“德才兼备”的条件等，使大家受到了很大的教育。通过讲课，党员罗中正、张进如等人认识到自己工作时间虽长，但工作能力不强，因而不再为薪金闹情绪了。①

天津市党委宣传部部长曹奇在1953年新年讲话中就提出了当年的宣传工作要点。他讲道，在关于经济建设的宣传中，要注意以下几点，“1. 宣传1953年大规模的经济建设就是把我们的农业国变为强大的工业国，只有国家工业化才是我国人民最大的利益，才能为实现社会主义

① 工商党委会系统党课教育情况综合报告［A］. 天津市档案馆馆藏，档案号：X0032-Y-000021-002.

共产主义铺平道路，这是中国历史上前所未有过的，也是我国人民百年来革命斗争所取得的根本胜利。2. 应向干部说明：做好经济建设必须从人民的最大利益即工业化出发，对于只从人民的目前利益，满足目前需要的错误思想进行解释教育，在干部职工的思想上必须明确个人局部利益，必须服从整个国家利益和整个国家观念，反对破坏整个国家计划的本位主义和地方主义等，要认真地完成我们的任务，以实现整个国家的计划。3. 动员和号召所有职工以实际行动积极地投入这一历史上空前巨大的经济建设中去，向国家工业化迈进。4. 支部总支应切实贯彻党委会关于政治思想领导的决议，在提高职工觉悟的基础上保证国家任务的完成。"① 总之，天津市宣传部通过有计划、有步骤、有针对性地组织全市党员干部进行学习、组织宣传，进一步坚定了党员干部的理想信念，为打造一支素质过硬的宣传队伍奠定了思想基础。

二、加大发展新党员干部的力度

党组织在推动社会发展、服务群众、凝聚人心、宣传教育等方面发挥着重要作用。党组织的强弱事关党和国家的中心工作能否圆满完成。只有党员干部队伍基数扩大了，才能壮大党组织，才能进一步充实党的宣传队伍。天津解放时，有地下党员 1564 人，进城接管干部党员 5389 人，党员仅占全市人口总数的 0. 39%。② 由于许多机关和接管的工厂、学校等部门及其他行业中没有党员或党组织，在贯彻党的方针政策以及加强党对这些部门的领导上存在一定的困难。为此天津市委在 1949 年

① 工商党委宣传部一九五三年及新年工作要点［A］. 天津市档案馆馆藏，档案号：X0032-Y-000021-003.

② 中共天津市委党史研究室. 城市的接管与社会改造（天津卷）［M］. 天津：天津人民出版社，1998：540.

6月做出的《关于组织工作中几个问题的决定》中提出，应采取慎重发展的方针，反对关门主义的倾向，也要反对“拉夫”，提高警惕，严防奸特和投机分子混入党内，同时要做到发展与巩固相结合。此后天津把发展党员、加强干部队伍建设摆上重要日程，天津市的党组织开始迅速发展壮大起来。加大发展新党员干部既包括壮大党组织力量，也包含对干部队伍的建设。其具体做法如下。一是发展壮大各行业党组织。党员是党组织的基础，党员质量的好坏关系着党的面貌和性质。从1951年开始，天津不仅加大了发展党员的力度，而且对党员标准、入党手续、入党批准权限等问题做了明确规定，保证了新党员的质量，在1952年和1953年分别接收新党员8492名和8694名。如天津市工商党委宣传部在1953年的工作报告中指出：“要进一步加强对积极分子培养教育工作，为胜利完成建党任务奠定基础，根据去年发展党员情况来看，十月份发展七十五人，经党委批驳者仅一人，而到十二月份报来八十七人，仅据初步审查即有十七人不够入党条件。说明我们发展条件是在逐步降低了，在此种情况下完成今年上半年二百五十人的建党任务并不是乐观的。对此问题大家必须引起高度注意。根据党委指示目前各单位应集中做好理论培养、训练积极分子工作，特别是负责此一工作的同志，应切实了解积极分子思想情况，并针对存在问题进行教育，使之在不断提高中完全具备入党条件，以保证建党政治任务的胜利完成。对马上发展入党问题可不必太心急，一、二、三月份重点应是培养教育，但并不是够了条件也不发展。反之，如忽视积极培养教育，单纯追求发展数字则是错误的。”① “截止到1956年6月底，天津市共有党员78204人，其中天津工业系统有党员33922人，交通运输系统5939人，农业系统4989

① 工商党委会系统党课教育情况综合报告［A］. 天津市档案馆馆藏，档案号：X0032-Y-000021-002.

人，财贸系统 7543 人，城市公用事业 1124 人，文教系统 8298 人，党、群、政法机关 15092 人，街道及其他单位 1297 人。"① 随着党员数量的增多和质量的提高，各行各业基本都建立了党组织，基层党组织得以发展壮大，每个基层党组织都是从事党的宣传事业的堡垒。二是加强干部队伍建设。为了加强城市管理，在干部队伍建设方面除接管干部和旧的留用人员外，天津党组织还新提拔培养了一批干部，"从天津解放至 1956 年 6 月，全市共吸收新干部 52905 人，其中学生 13687 人，工人 13937 人"②。天津市委对干部采取分部分级管理制度，提高了干部管理的效率和科学性。天津通过拓宽干部来源渠道、规范干部管理制度，有效提升了各阶层对党的认同，同时干部来源的多元化也大大丰富了各类宣传机构的人员储备，为党和国家事业的发展奠定了领导基础。

三、净化宣传队伍

中国共产党坚持党要管党，从严治党，这是党加强自身建设的一条重要历史经验。新中国成立后，党的队伍发展迅速，新党员数量呈爆发式增长，据统计，"1945 年抗日战争结束时，全国约有 121 万党员，1949 年底达 450 万，到 1950 年 7 月 1 日前，又超过 500 万人，其中约 200 万人是近几年入党的"③。其中很多党员入党思想不纯，而且在革命胜利后部分党员干部出现骄傲自满、官僚主义的情况。党员干部作为宣传的主体，这种情况的出现严重影响了党的宣传工作。天津市党组织也认识到了这一问题，通过开展常态化的理论学习来提升党员干部素质，并明确了净化宣传队伍的工作原则："（1）以思想教育为主，积极

① 李文芳．中共天津党建史研究 1949—2008［M］．天津：天津古籍出版社，2008：14.
② 李文芳．中共天津党建史研究 1949—2008［M］．天津：天津古籍出版社，2008：15.
③ 马齐彬．中国共产党执政四十年［M］．北京：中共党史出版社，1991：13.

开展批评与自我批评；（2）坚决清洗混入党内的坏分子，教育有缺点错误还不完全具备党员条件的党员，切忌简单粗暴，草率处理；（3）要在政治上提高，组织上纯洁支部领导，健全支部工作制度；（4）整党与培养选拔干部相结合，充实党务部门。"① 截止到"1952 年年底，全市共清除不合格党员 2710 名"②，天津市通过对部分软弱涣散的党支部进行整顿，对少数不称职的支部委员进行调整，加强了党的组织建设、思想作风建设，提高了党组织的战斗力，为打造一支纯洁的党的宣传队伍奠定了组织基础。

第三节　规范以群众为主体的宣传机制

宣传历来都是中国共产党联系群众的重要手段。党在长期的革命实践活动中形成了一整套适合农村群众特点的宣传方式，然而在城市的宣传工作普遍缺乏弹性，总是过度依赖动员方式联系城市的各阶层群众。为了进一步密切和城市群众的联系，天津市的宣传做了相应的调整，紧紧抓住群众组织这一载体，通过群众组织向各阶层群众进行思想渗透，取得了良好效果。

一、发挥群众组织在宣传工作中的作用

中国共产党是宣传工作的领导核心，但在宣传工作中如果仅仅依靠

---

① 李文芳. 中共天津党建史研究（1949—2008）［M］. 天津：天津古籍出版社，2008：37.

② 中共天津市委党史研究室. 城市的接管与社会改造（天津卷）［M］. 天津：天津人民出版社，1998：545.

党政机关是远远不够的。党在日常工作中非常重视对群众团体的支持，并将其纳入党的领导下。1951 年 2 月，《中共中央关于健全各级宣传机构和加强党的宣传教育工作的指示》中就提出，“要领导各级青年团、工会、农民协会、中苏友好协会、反侵略委员会、妇女团体、学生团体、合作社及其他群众团体中的宣传鼓动工作”①。为了动员和组织工人阶级和各界群众投入到经济恢复和发展的各项事业中，更好地代表和维护群众利益，党领导工人阶级和各界群众建立起各级工会组织和青年、妇女等群众团体，以此建立起党与工人阶级和各界群众的广泛联系。一是充分发挥工会组织在宣传教育中的作用。1949 年 1 月 26 日，华北总工会筹委会天津办事处成立，派出 700 余名干部组成纺织、摩托、联勤、电讯、私企等工作组深入各工厂企业，开展职工组织和教育工作。截至 1949 年 4 月，已经有 129 个单位建立了临时职工代表会。企业职工代表会一经产生便着手协助接管干部组织职工学习党的有关政策，恢复生产，开展增加职工福利等工作，受到职工群众的拥护。1949 年 4 月，天津市召开首届职工代表会议，选举产生了天津市职工总会筹备委员会。天津市职工总会筹备委员会成立后，全市职工组织建设工作迅速发展，截止到 1949 年 7 月底，“全市铁路、纺织、海员、运输、产联、五金、化学、手工业、店员等工作委员会，已建立基层工会 138 个，基层筹委会 71 个，工会小组 3210 个，发展工会会员 89497 人”②。工会组织建立后，立即在工人阶层中开展系统性的阶级教育和政策教育，启发工人的阶级觉悟，结合实际工作情况引导工人了解自身的阶级

① 中共中央文献研究室．建国以来重要文献选编（第 2 册）［M］．北京：中共文献出版社，1997：77.

② 中共天津市委党史资料征集委员会，天津档案馆．天津接管史录（上卷）［M］．北京：中共党史出版社，1991：9.

属性，激发其建设社会主义的热情。如纺织机械厂宣传员张克文帮助一个生产不积极、技术上保守的老工人傅桂臣，就事先设法和他接近，了解情况，根据他过去有肺病，新中国成立后厂里花了很多钱才给他治好的事情进行宣传，使他从自己的经历中懂得了过去受苦现在幸福的道理，懂得了自己和工厂的关系，他思想搞通觉悟提高后，当天产量就提高了百分之十，接着他又在小组会上做了检讨，公开了技术，号召大家搞好了团结，并帮助别人找窍门，使产量提高了百分之五十。① 可见，只有让工人阶级思想提升，才能引导其搞好生产，为天津经济恢复和社会主义建设出工出力。二是青年和妇女等群众团体的建立对宣传教育的促进。毛泽东同志说过，“青年团要配合党的中心工作”②。1949 年 2 月天津市委成立了青年工作委员会，3 月 22 日中国新民主主义青年团天津市筹备委员会成立，开始在青年学生和青年工人中发展团员，截至 11 月，天津规模较大的公营工厂绝大部分都建立了团组织，在天津市各级团组织的号召动员下，一批批进步青年以高昂的政治热情投入参军南下的热潮，有力支援了全国的解放事业。天津市民主妇女联合会筹备委员会于 1949 年 3 月成立，11 月成立了天津市民主妇女联合会，在市妇联的号召下，各级妇联组织采取多种形式组织广大妇女走出家门，参加生产，积极为恢复天津经济做出了贡献。三是其他群众团体所发挥的宣传教育作用。除了工、青、妇群众组织外，天津市还成立了中苏友好协会、农民协会等。此类群众性组织也发挥了重要的宣传教育作用。如天津市委关于中苏友好协会工作的指示中提道：“四年来（1949—1953 年），天津市中苏友好协会的工作有了很大发展，发展了会员八十三万

① 一九五二年工会宣传工作总结［A］. 天津市档案馆馆藏，档案号：X0044-Y-000312-004.

② 毛泽东文集（第 6 卷）［M］. 北京：人民出版社，1999：276.

余人，结合各个时期的中心工作和保卫世界和平运动，对天津市人民进行了广泛的国际主义教育。宣传和介绍了苏联的国家性质、建设经验和苏联的先进科学技术、生产经验，并推广了俄文学习运动。通过这些活动，基本上肃清了过去反动派在群众中散布的反苏疑苏思想，树立了中苏友好与苏联是世界和平堡垒的观念。”① 中苏友好协会通过学习苏联为中国社会主义改造积累了先进经验。

这一时期群众团体作为一种具有半官方性质的机构开展了大量的政治任务宣传，为党和政府与人民群众之间架起了交流的桥梁，党和政府通过群众团体了解人民群众的问题和意见，针对这些问题和意见做出相应政策后，再通过群众团体反馈给人民群众，实现了党与人民群众之间双向互动的目的。

二、通过培训教育提升群众的思想认识

毛泽东同志说过：“我们的政策，不光要使领导者知道，干部知道，还要使广大的群众知道。”② 对于广大人民群众来说，由于对共产党认识模糊，共产党取得政权后，很多群众认为只不过是又“改朝换代”而已，甚至有的群众从字面意义上理解共产党，以为共产党就是要“共产一切东西”。所以天津市对人民群众开展关于中国共产党和共产主义的宣传教育十分有必要。

为了提升人民群众的思想觉悟，天津市做了大量的工作：一是通过举办政治训练班开展培训。天津解放初期，由于进城干部和地下党员力量不足，市委决定通过举办政治训练班作为加强党的建设的重要手段，

---

① 中共天津市委关于加强中苏友好协会工作的指示［A］. 天津档案馆馆藏，档案号：X0032-Y-000021-128.

② 毛泽东选集（第4卷）［M］. 北京：人民出版社，1991：1318.

此时鉴于群众对党的方针政策以及党的性质任务不够了解，训练对象除党、团员外，将党的外围组织成员和群众中的积极分子也纳入其中。举办的政治训练班一般3个月为一期，主要讲授马克思列宁主义、党的方针政策、党的形势任务、党的基本知识以及中国社会发展史等。所开展的政治训练班坚持理论联系实际，大力倡导学员们认真读书、独立思考、敞开思想、坚持真理的精神，形成了教员和学员之间互动、学员之间互帮互学的良好学风。天津市委十分重视政治训练班，市委领导经常前往授课。在第一期政治训练班开班第一天，天津市军管会主任、市委书记黄克诚就到训练班给学员们讲了毛泽东思想，天津市委第一副书记黄敬向学员们传达了党的七届二中全会精神。其他市委领导也都曾到政治训练班授课，他们从学员的实际出发，深入浅出地讲解理论，使学员从中深受启发，达到了提高认识的目的。据统计，“从1949年2月至1952年年底，共培训了15050人，其中党员13296人，干部721人，团员和群众1033人”①。二是开展集中学习。天津改组成立了天津市总学习委员会，主要工作任务就是统一安排全市干部群众的学习，为常态化开展理论学习进行了顶层设计。在天津市总学习委员会的带领下，全市的干部群众开展了一系列的理论学习活动。如中共天津市工商党委会在1951年下半年宣教工作综合报告中指出：“在党的领导下，按照总学委会的布置领导了干部的理论和文化学习，现在所属十五个单位，参加文化学习者2874人，参加理论学习者1446人，通过学习干部的理论及文化水平都有所提高。”② 经过大规模的宣传教育，天津的工农群众对中

① 中共天津市委党史资料征集委员会. 天津接管史录（下卷）［M］. 北京：中共党史出版社，1994：379.

② 中共天津市工商党委会一九五一年下半年宣教工作综合报告［A］. 天津市档案馆馆藏，档案号：X0032-Y-000021-141.

国共产党有了一定认识，有的群众积极向党组织靠拢，要以实际行动争取入党，如“开滦工人马明安过去抱着干活吃饭的态度，听课后知道了党是自己阶级的党，要努力工作争取入党”①。通过对广大人民群众开展中国共产党及共产主义的宣传教育，为党深入社会全领域提供了理论准备，从而为确立党在基层社会的权威奠定了思想基础。

对群众的培训教育与宣传主题密切结合，做到有针对性地宣传。如天津市普选工作开始前，天津市动员全体党员、团员及党的宣传员带动广大群众积极地参与到普选宣传工作中去，“因为中国多年来是个没有民主的社会，解放后虽有四年来的民主教育，人民群众的觉悟有所提高，但还是有些复杂具体问题非经过具体宣传不能了解。所以宣传工作就成了作好普选工作的基本关键。必须动员所有一切宣传力量为民主普选服务”②。宣传活动遵循由党内到党外，由干部到群众的路径推开：“（一）召开党、团员及党的宣传员会议：传达市委郑部长报告的精神和党委的具体布置，以及单位的具体计划，号召所有党、团员在宣传中起骨干作用，并给宣传员布置任务，主要是搜集掌握群众对普选的思想情况，在讨论时带动群众来发言，起骨干作用，并着重对本单位工人、勤杂人员进行宣传。（二）召开全体干部大会普选的学习于六月十四日结束，各单位可即着手搜集综合在学习中发现的干部思想情况和模糊认识，以市委宣传部引发之怎样做好普选宣传工作，及选举委员会所编的《普选宣传手册》第一期所载《民主普选宣传提纲》为主要依据，结合单位发现的思想情况，在全体干部大会上由首长作报告，着重讲清实行

---

① 工商党委会系统党课教育情况综合报告［A］. 天津市档案馆馆藏，档案号：X0032-Y-000021-002.

② 关于普选宣传工作的具体布置［A］. 天津市档案馆馆藏，档案号：X0032-Y-000021-106.

普选和召开人民代表大会的重大意义，和选举法的基本原则，并说明具体到机关干部对于普选问题除了彻底了解外，并使其自觉地有领导的都成为一个宣传员，向自己的家属、亲戚、朋友、邻居等一切和自己接近的人进行普选的宣传，今后组织讨论贯彻到底。（三）对于集中宿舍的家属宣传问题，机关应负责宣传教育之责，派主要干部有准备的用简单通俗易懂的字句给他们作报告，着重结合男女平等，说明普选的重大意义，及选举法的基本内容，今后由制定之宣传员组织他们讨论，听取他们的反映解释一些不明白的问题。（四）以党支部为领导把工会、青年团统一行动起来，根据发现的干部思想情况和疑难问题，通过墙报、黑板报问答等各种形式作解释，同时对坏分子的造谣破坏要提高警惕（分清有意识的或是无知的），遇有不能解决的问题及时报党委宣传部。"① 如 1953 年，天津市开始加强有关人民群众切身经济生活问题的宣传，在此之前党委宣传部多注重重大社会政治运动的宣传工作，而忽略了对日常业务当中与人民群众利益有关问题的宣传解释，有时有的商品一度供不应求而不能满足人民需要时，群众就议论纷纷表示不满。如"煤建公司对群众需煤数量和品种找不到规律，解放后几年来总开煤球荒，一九五二年宣传工作做得不好，造成在拉煤球时，机关、部队和市民拥挤的现象，影响群众购煤，使群众惶惶不安"②。针对此种情况，天津市内贸委员会宣传部提出要加强关于贸易政策及重大措施的宣传："（1）国家贸易在人民经济生活中的作用：说明国家贸易经济是社会主义性质的，负责扶植生产调剂供求、稳定物价、活跃城乡物资交流等任

① 关于普选宣传工作的具体布置［A］. 天津市档案馆馆藏，档案号：X0032-Y-000021-106.

② 贯彻中央关于"切实加强有关群众切身经济生活问题的宣传工作"指示的工作草案［A］. 天津市档案馆馆藏，档案号：X0032-Y-000021-108.

务。以逐渐满足人民的物质生活需要，在这个基础上积累国家资金，以便更好地为人民服务。（2）为什么要开展城乡物资交流：为了发展生产，满足人民的需要，必须开展城乡物资交流，通过贸易将城市工业所需要的原料由乡村农民中收购进来，把乡村广大农民所需要的工业品通过贸易销售到农村中去，以巩固工农联盟。（3）关于物价政策的宣传：向人民群众讲清我们的价格、政策并非以盈利为目的，而是通过价格的合理调整、来指导工农业生产，贯彻公私关系政策，稳定物价。（4）公私关系政策的宣传：通过业务来往和加工订货，经常不断地向私营工商业者宣传国家的经济政策、法令，指出必须在国家经济的领导下从事对国家和人民有关的经营才是唯一的出路，不许再犯偷工减料、虚报成本、操纵市场、囤积居奇等五毒行为，说明新民主主义的社会里私人规定不同，结合不同的宣传内容及宣传重点来进行宣传。”① 再如 1953 年初，天津市展开了一次大规模的贯彻婚姻法的宣传活动。此次宣传活动的起因是“之前的宣传工作还不够全面普遍和深入，致使许多的干部对婚姻法的基本精神和主要内容领会不足，没有认识到贯彻婚姻法是一个重大的社会改革，也没有认识到婚姻法的贯彻有利于国家建设、家庭和睦，以及后代子孙的身心健康。仍然严重地存在着封建残余思想，阻碍着新婚姻法的正确执行”②。因此宣传教育必须做到“使干部确实了解贯彻婚姻法运动，虽然是反对封建的性质，但它不同于土地改革，而是人民内部肃清封建残余思想的改造运动，开展这一次运动时，各单位必须注意防止对学习中揭发出来的虐待和压迫妇女行为等问题给迎头一

① 贯彻中央关于“切实加强有关群众切身经济生活问题的宣传工作”指示的工作草案［A］. 天津市档案馆馆藏，档案号：X0032-Y-000021-108.

② 内贸系统贯彻婚姻法运动委员会宣传组工作计划［A］. 天津市档案馆馆藏，档案号：X0032-Y-000021-024.

棒，以及采取任何粗暴急躁的态度和阶级斗争的方法都是错误的，应当强调说服教育，使其认识改正错误，同时不要把一些男女关系问题当成重点，应抓主要问题（封建、压迫、虐待等）处理，应作到心中有数，及时报告党委”①。通过学习，使全体干部从思想上明确这次大张旗鼓地贯彻婚姻法运动对于彻底摧毁封建婚姻法制度、树立新民主主义婚姻制度，和对于展开大规模经济建设的巨大政治意义，肃清干部中的封建残余思想，使大家彻底认清封建婚姻制度的危害性及新婚姻制度的优越性，从思想上认清封建主义婚姻制度与新民主主义婚姻制度的界限，树立对新婚姻法的正确认识。使大家了解并认真执行婚姻法，采取严肃慎重的态度对待婚姻问题。保证妇女的合法利益，反对封建婚姻制度和坚持反对封建思想的正义斗争；能都在处理自己本身的婚姻问题时以身作则地遵守婚姻法；能都积极地支持与参加贯彻婚姻法的运动。② 在这样大范围的宣传下，党员干部均能够树立对婚姻法的正确认识，正确地向广大群众进行宣传，完善地解决问题。党委宣传组在 1953 年的工作总结中提道：“经过两年多的宣传教育，使我们广大的干部和人民群众提高了政治觉悟。对新的婚姻制度也有了进一步的认识，同时也揭露了旧婚姻制度的一些罪恶。……取得了显著的成绩。”③

---

① 关于干部学习婚姻法计划［A］. 天津市档案馆馆藏，档案号：X0032-Y-000021-023.

② 关于干部学习婚姻法计划［A］. 天津市档案馆馆藏，档案号：X0032-Y-000021-023.

③ 内贸系统贯彻婚姻法运动委员会宣传组工作计划［A］. 天津市档案馆馆藏，档案号：X0032-Y-000021-024.

第五章

天津基层宣传工作的特点、局限与启示（1949—1956）

天津市于1949—1956年的基层宣传工作是党在思想政治教育史上的一次成功的探索。天津市通过卓有成效的基层宣传，为中心工作的开展提供了强大的思想理论基础，使广大农民、工人、知识分子和各阶层人士紧紧团结在中国共产党周围，夯实了党的执政根基。同时，由于受当时客观条件制约，这时候天津市的基层宣传工作也存在一定的局限性。总结其主要经验和历史局限，对新时代提高城市治理能力有着重要的现实意义。

第一节　天津市基层宣传工作的特点

天津市在1949—1956年开展的基层宣传工作中积累了宝贵的经验，主要包括坚持党对宣传工作的领导、强调宣传与党和国家中心工作相结合、重视宣传对象的现实需要、注重基层宣传方式的本土化与多样化等。

一、坚持党对基层宣传工作的领导

在大城市开展基层宣传工作是党的一项重要工作，必须坚定不移地坚持党对基层宣传工作的领导。近现代史上的天津是北方最大的工商业城市和经济中心，阶级构成复杂，普通民众对党的路线、方针、政策一知半解，工商业者人心浮动。为维护社会秩序、繁荣经济，党充分发挥自身的政治优势和组织优势，在天津开展基层宣传工作。一是建立并完善党的宣传网。1951 年 1 月 1 日，中共中央发布《关于在全党建立对人民群众的宣传网的决定》，要求各党支部设立宣传员，党的各级领导机关设立报告员，并建立宣传员和报告员的工作制度，形成宣传网。之后天津市决定在全市建立市、区两级报告员，市委书记黄敬等 50 人任市级报告员，9 月 15 日全市 400 余个单位建立了宣传网。① 这一时期在各行各业建立并完善党的宣传网获得了高度重视，据天津市工商党委会不完全统计：截至 1951 年下半年共有花纱布、百货、信托、零售、土产、监业、茶业等公司及华北合作货栈、工商局等单位正式建立宣传网组织，共有宣传员 126 人。② 通过宣传网的建立，宣传员在各类宣传活动中起到了中流砥柱的作用，使广大人民群众了解了党的各项政策，对党的执政起到了促进作用。二是加强党的组织建设。天津解放时有地下党员 1564 人。一年后有中共党员 24031 人，党支部 1142 个。到 1956 年底，天津市有中共党员 90993 人，党支部 3390 个。③ 天津市党员增长了

① 中共天津市委党史研究室. 中国共产党天津历史大事记［M］. 北京：中共党史出版社，2001：180.

② 一九五一年下半年宣教工作综合报告［A］. 天津档案馆馆藏，档案号：X0032-Y-000021-141.

③ 中共天津市委党史研究室，天津市档案馆. 中国共产党天津市历次代表大会文献选编［M］. 内部出版，2002：309.

58倍，党支部也蓬勃发展起来。为发挥党员干部的引领作用，天津市委高度重视党员干部的理论教育工作，1952年6月15日天津市委宣传部对全市各区私营工厂商店的职工普遍开展了一次系统的阶级教育，参加政治学习的人数达到了24.8万人。1953年2月初至7月，中共天津市委宣传部举办经济建设研究班，培养兼职理论教员和辅导员，以迎接在全市即将展开的经济建设的理论学习。此次活动有400余名干部学习了斯大林《苏联社会主义经济问题》等著作。① 可以说，天津通过扩大党组织的覆盖面和提高党员干部的政治理论水平，使党在宣传教育中发挥了领导核心作用，引领天津市基层宣传工作高效有序开展，取得了阶段性胜利。

二、强调宣传与党和国家中心工作相结合

党的宣传工作虽然有其自身独特的使命和任务，但宣传作为一种新闻传播活动，也应遵循新闻传播的客观规律，那就是要紧密结合时代需求与党和国家的中心工作。刘少奇同志曾强调："我们的宣传工作是不能离开当前的中心工作的，并且是为了保证各项中心工作的完成。宣传工作必须与各级党委所定下来的中心工作密切配合，离开了党的中心工作，宣传工作就会失败。"② 1949—1956年天津开展的基层宣传工作就是结合当时党和国家的中心工作进行的，在不同的阶段针对不同的中心工作，开展了不同内容的宣传教育，有效地配合了党和国家中心工作的完成。

---

① 中共天津市委党史研究室. 中国共产党天津历史大事记［M］. 北京：中共党史出版社，2001：193.

② 刘少奇选集（下卷）［M］. 北京：人民出版社，1985：86.

三、重视与宣传对象的现实需要相结合

宣传教育是意识形态工作的重要组成部分，其工作目的主要是对人开展思想工作，为此相对于抽象的理论和精于修饰的言辞，宣传对象更关注的是自身合理需要能否得到满足。因此如果宣传工作能够注重人民群众的现实需要，就能更广泛地获得人民群众的支持。天津在1949—1956年开展基层宣传工作就非常注重与各阶层群众的现实需要相联系。新中国成立前夕，天津工商业种类齐全、经济结构完备、金融业和教育也比较发达，在国内外具有一定的知名度，因此如何顺利接管天津事关重大。面对战后各阶层人心浮动，人民群众急需了解政府各项规章制度的这一迫切需要，在天津市军事管制委员会的带领下，天津新华广播电台、《天津日报》及时向全市人民群众宣传党的方针政策，党的接管干部迅速奔赴各接收岗位向各行业群众讲明接管政策和手续，经开展一系列的宣传工作，安定了民心，为天津的经济恢复和发展创造了良好的环境。在恢复国民经济建设期间，各个工厂的宣传队都在积极工作，但是他们发现，"必须针对群众的需要进行编演，才能有效宣传"①。经验证明，凡是不根据具体情况，只是设想所编写的东西，演出来不但起不了作用，群众反而不喜欢看。如果以真人真事改编，不但群众愿意看，还能与群众思想结合起来，收到更好的宣传效果。

四、注重基层宣传方式的本土化与多样化

天津市在1949—1956年开展宣传工作时，其所面临的对象主要是

① 一九五二年工厂文艺工作总结（1953.3.13）［A］．天津市档案馆馆藏，档案号：X0044-Y-000312-006.

识字有限、知识水平有限的农民和工人阶级，为达到宣传的目标，宣传的形式和方式就格外重要。一是坚持基层宣传的通俗化和本土化。能否将宣传内容扎根在宣传对象头脑中事关宣传成败，而这其中的关键就在于宣传的内容能否做到通俗化。党历来十分重视宣传的通俗化，“在对农民群众进行宣传鼓动工作时，注意通过农民群众的生活经验和政治经验，运用以口头鼓动为主的通俗易懂的方法（如回忆、对比、算账等），去启发农民群众的自觉”①。“各级党委必须加强对以农民为主要对象的报纸刊物的领导和管理，监督他们坚决实行通俗化的方针，以粗识文字的农民读得懂、不识字的农民听得懂为原则。所有通俗的以农民为对象的报纸和刊物，都应该以最明白易懂的语言对农民进行宣传动员。”② 天津在开展基层宣传工作时就非常注重宣传内容的通俗化与本土化，避免空洞的说教和纯理论的灌输。天津在开展宣传工作时多次通过电台直播的方式开展广播大会。除此之外，天津还常态化组织广大人民群众开展游行、联欢等活动，通过这种方式让人民群众参与到国家建设中，增强了人民群众对党和国家的认同。二是坚持基层宣传的多样化。由于宣传受众的千差万别，为增强宣传的有效性，在面对不同宣传对象时要采取不同的宣传方法。当时天津是北方最大的工业城市，工业体系较为完备，手工业发达，报刊业发展成熟，为此天津市在宣传时利用一切可以调度的资源如广播电台、报纸、剧院等形式开展宣传，还利用相声、快板、杨柳青年画等富有天津地方特色的节目对基层进行宣传。而且针对不同的对象采取不同的宣传方式。对工人则采取政治教育

① 中央宣传部办公厅. 党的宣传工作会议概况和文献（1951—1992 年）[M]. 北京：中共中央党校出版社，1994：92.

② 中央宣传部办公厅. 党的宣传工作会议概况和文献（1951—1992 年）[M]. 北京：中共中央党校出版社，1994：92.

的方式，对农民则通过开办学习班等方式。天津对不同阶层人士采取不同方式，有针对性地开展宣传教育，取得了较为理想的效果。

第二节　天津市基层宣传工作的历史局限

天津是全国解放较早的大城市之一，天津市的基层宣传工作卓有成效，积累了大量经验，对党在大城市凝聚人心、动员群众顺利开展各项工作起到了重要作用。但是限于当时的历史条件，天津的基层宣传也存在着一定的历史局限性。

一、宣传工作有空泛化倾向

宣传工作的空泛化就是将宣传教育中的任何内容、形式都放在大的政治前提下，缺乏宣传本身的特点。新中国成立后，根据党的路线、方针、政策，为了迅速稳定社会秩序、恢复生产，党在天津基层开展的宣传工作更多的是采用群众运动的方式，宣传的模式基本都是群众动员。群众动员有规模声势大、社会影响广等特点，通过宣传教育统一广大人民群众的意识，所有的社会成员都参与到群众运动中。当时受客观因素影响，党和国家的中心工作都存在着阶级斗争的影子，而且政治氛围浓厚。天津市军事管制委员会文教部在工作的初步总结中就曾反思道："《进步日报》的前身为天津《大公报》，《新生晚报》是新中国成立前的私营报纸。由于他们的历史条件，这两份在私营工商界人士，一般和知识分子及小市民中间，是很有作用的，各有一定的读者。因此，也相当有销路。”① 但是接管初期，党为了“让群众只接受正确宣传，进城后所有报刊一律停刊待审，这样的处理是错误的”②。简单粗暴的“一刀切”式的全部停刊审查使很多人觉得共产党钳制言论，怨言很多。因此，过度强调政治化的宣传方式反而会激发群众的不满，导致宣传空泛化，使宣传起到相反的效果。

二、宣传工作缺乏双向互动

宣传工作的目的是把握意识形态的主动权，将执政党的意志灌输到意识形态领域，在这一过程中应包括自上而下的执政党的政策、路线、方针的解读和自下而上的民众参与。但由于受客观条件制约，新中国成立初期党的宣传更多地呈现出体制化、强制化、僵硬化的特点，缺乏与民众的双向互动。一是新中国成立初期宣传主体的思想观念僵化。天津解放后，接管干部担负着宣传主体的职责，虽然前期经过了一定的培训，但由于刚从战争年代走来，兼之天津解放初期稳定压倒一切的政治责任，在后续开展的一系列运动中，只是程序式地向广大群众公布各项政策，缺乏和群众互动的主观能动性。二是当时普通民众思想普遍落后，容易受到封建思想的影响。当时宣传工作的背景是天津经历多年战乱，工农业生产遭到巨大破坏，城市物资供给不足，物价飞涨，天津1949年底的国内生产总值4.07亿元，人均国内生产总值102元/人，处于较低水平。农村封建迷信活动盛行，1951年4月天津市人民政府决定取缔“一贯道”等反动会道门，取缔工作结束后，共登记道首512

---

① 天津市私营及外文报纸情况综合报告［A］. 天津市档案馆馆藏，档案号：X0053-C-000212-002.

② 中共天津市委党史资料征集委员会，天津档案馆. 天津接管史录（上卷）［M］. 北京：中共党史出版社，1991：364.

人，道徒登记退道者209480人。当时广大农民、工人阶级最为关心的问题是生活如何有保障，而对政权由谁接管则并不关心，对新中国缺乏政治认同，这是由于当时的经济、政治、文化等多重因素影响导致的。在听到中国共产党宣传的政治理想和各项政策，而又看到现实中的满目疮痍时，产生了对未来生活的彷徨和对新政权的怀疑，对党的各项政策持怀疑态度，无法与政府形成互动。社会主义建设开始后，党和政府要大力推行各项方针政策，因此在之后各类政治活动的宣传中，党的意志占据着绝对主导的地位，而群众的意志明显处于弱势地位。如天津在手工业合作化运动前期，在指导思想上对城市手工业的特点和手工业的发展道路不够明确，存在着"大搞"思想，盲目宣传办大社、并大社，其中出现了把传统的特种工艺产品"泥人张""风筝魏"组织到玩具社里等的做法,[①] 这种"大搞"思想造成了一些混乱现象，导致有社员退社情况。缺乏双向互动的宣传，因只强调宣传者的立场，容易出现违背群众意愿的现象，会带来一定的负面影响。

三、宣传工作体系尚未完善

宣传工作历来都是中国共产党工作中的重要组成部分，从建党起到新中国成立初期，经过近30年的发展，党对此积累了较为丰富的经验。天津市开展宣传时特别注重通过召开集会、联欢会等方式进行群众动员，某种意义上说这更多的是一种政治动员，通过政治动员，在鼓励人民群众参与到国家建设、提升人民群众对政府的政治认同等方面发挥了重要作用。但同时，天津在这一时期的宣传工作中过度使用政治动员作

① 中共天津市委党史研究室，天津市档案局. 天津手工业的社会主义改造［M］. 天津：天津人民出版社，1998：17.

为宣传的主要途径，着重强调了宣传的政治因素，造成党的宣传工作过于刚性，这不利于常态化、系统化宣传工作体系的构建，导致宣传干部在系统运用辩证唯物主义和历史唯物主义方法开展宣传工作方面存在一定的局限。

1951 年 11 月 19 日，天津市学校团委制定《关于中小型学校群众文化工作的意见》，意见中指出“中小型学校在开展群众文化运动时，存在学生认识不深刻，认为只是玩玩闹闹等”①。1952 年 12 月 21 日，天津市妇联宣传部制定了《1953 年新年宣传计划》，提出“为了迎接一九五三年即将开始的大规模经济建设，在庆祝一九五三年元旦时，首先应结合各种会议对妇女进行三年来祖国各方面建设成就的宣传，使妇女们进一步认识到祖国的伟大与可爱”②。从天津各部门的宣传工作开展情况来看，不论宣传对象为何，宣传的目的及过程都具有较强的政治性，宣传工作的体系未完善建构起来。

四、宣传工作缺乏调查研究

习近平总书记强调：“调查研究是我们党的传家宝，是做好各项工作的基本功，要在全党大兴调查研究之风，推动全党崇尚实干、力戒空谈、精准发力，让改革发展稳定各项任务落下去，让惠及百姓的各项工作实起来，推动党中央大政方针和决策部署在基层落地生根。”③ 宣传是中国共产党工作的重要组成部分，做好深入调查研究是宣传工作的基

① 关于中小型学校群众文化工作的意见［A］. 天津档案馆馆藏，档号：X48-C-291-15.

② 1953 年新年宣传计划［A］. 天津档案馆馆藏，档号：X50-C-24-1.

③ 习近平. 习近平新时代中国特色社会主义思想学习纲要［M］. 北京：学习出版社，人民出版社，2019：249.

础，调查研究是否做到位事关宣传的成败。做好宣传工作的调查研究主要体现在两个方面：宣传主体具有调查意识以及宣传主体能掌握群众的真实思想。由于受多种因素制约，天津在这一时期的宣传工作在上述两个方面还有所欠缺。一是宣传主体的调研意识不足。从宣传工作本身来看，当时面临的新情况、新问题、新矛盾是十分复杂的，如怎样把宣传新民主主义革命胜利后所开展的各项运动扎扎实实地抓好、宣传工作如何找准位置为新中国成立初期的经济建设做好服务、如何发挥政治优势做好新中国的思想政治工作、如何对群众加强精神文明建设，等等。要解决这些问题就必须通过调查研究寻找方法，因为只有通过调查研究才能把握全局，才能保证宣传工作正确的政治方向。二是宣传主体了解群众真实思想程度不够。宣传工作的生机活力来源于对宣传对象实际情况的了解和把握，这就需要宣传主体深入到人民群众中，了解群众的真实想法，以此发现宣传工作中所面临的问题，在这一过程中调查研究是最有效率的途径，宣传主体如果不开展调查研究就无法掌握群众的真实思想，就无法开展有效的宣传。如一开始为了整顿金融业、恢复市民生活秩序，党通过发布布告的形式号召市民兑换人民币，其中兑换美钞的时间集中为3—5天，但实际执行中发现不少问题，因兑换点集中，兑换时间短，很多市民无法顺利兑换，引起了一些怨言。出现这一情况与当时的接管干部缺乏调研意识有直接关系，因此党必须高度认识到调查研究的重要性，要不断强化调研意识，提升宣传的时效性和针对性，不能搞“一刀切”。

第三节　天津市基层宣传工作的现实启示

天津市在1949—1956年基层开展的宣传工作由于受历史条件的制约存在一定的局限性，但所遵循的坚持党对宣传工作的领导等一系列开创性的创举，无疑为当时宣传工作的发展打开了新局面。当前中国特色社会主义进入了新时代，正全力推进国家治理体系和治理能力现代化，在这一进程中做好基层宣传是国家治理的重要一环。因此，我们应对天津市在1949—1956年的基层的宣传工作进行深入总结探讨，扬长避短，从中汲取经验，这对于新时代党进一步加强基层宣传工作具有重要的现实意义。

一、坚持党对宣传工作的领导权

新民主主义革命胜利后面对复杂的国内国际形势，中国共产党人没有畏缩不前，为了实现社会主义革命的胜利，党采取思想先行、行动跟进的措施，开创了党领导宣传工作的先河，积累了宝贵的历史经验。当前中国特色社会主义已进入新时代：国内经济社会发展由高增速向高质量嬗变，生产方式的变化深刻影响着社会生活，在社会生活场域中，城乡社会结构、媒介传播方式、民众精神生活等均展现出新的特点；国际上由西方国家主导建立的价值观体系不断打压中国的治理模式，从意识形态领域到科学技术领域想尽办法对中国进行遏制。党管宣传工作是坚持党的领导的重要组成部分，面对新的国内国际形势，要想充分发挥宣传的作用，就必须牢牢坚持党对宣传工作的绝对领导。

（一）发挥党的政治优势和组织优势

新中国成立以来始终坚持党对宣传工作的领导，充分发挥基层党组织的领导作用，切实把党的政治优势和组织优势转化为宣传路径优势，以宣传效能助力党和国家各项事业的顺利推进。一是要充分发挥党的政治优势。我们党最大的政治优势是密切联系群众，能够最真实、广泛、持久地代表和实现最广大人民的根本利益，能够把各个政党和无党派人士紧密团结起来，为着共同目标而努力奋斗。其结果就是中国共产党在凝聚人心、宣传动员方面有了得天独厚的优势，充分发挥党的政治优势是领导宣传工作不断攻坚克难、勇攀新高的制胜法宝。二是要提升基层党组织的建设水平。党的基层组织是加强宣传工作的抓手，目前基层党组织覆盖面广，党在各行各业都建立了基层党组织，但是也要清醒地认识到部分基层党组织出现了一定程度的弱化。在加强宣传工作的过程中，必须坚持狠抓基层党组织建设不放松，要采取多种措施将基层党组织建设成为适应新时代宣传工作的战斗堡垒，时刻保持基层党组织的先进性和纯洁性，为党的宣传工作提供强大的组织基础。三是要加强宣传人才队伍建设。人才兴则事业兴，人才资源是第一资源，宣传工作的发展离不开强大人才的支撑。宣传队伍素质和能力直接关系到宣传工作的成效。习近平总书记就曾强调："宣传思想干部要不断掌握新知识、熟悉新领域、开拓新视野，增强本领能力，加强调查研究，不断增强脚力、眼力、脑力、笔力，努力打造一支政治过硬、本领高强、求实创新、能打胜仗的宣传思想工作队伍。"① 因此新时代宣传队伍的首要任务是加强马克思主义理论的学习，不断提高自身的理论水平，成为宣传中国特色社会主义思想的中坚力量。

---

① 习近平．论党的宣传思想工作［M］．北京：中央文献出版社，2020：337.

（二）牢牢掌控宣传工作的话语权

话语权关系着社会舆论的走向，强势的话语权是实现党管宣传的有效途径。习近平总书记曾指出："意识形态工作是党的一项极端重要的工作。面对改革发展稳定复杂局面和社会思想意识多元多样、媒体格局深刻变化，在集中精力进行经济建设的同时，一刻也不能放松和削弱意识形态工作，必须把意识形态工作的领导权、管理权、话语权牢牢掌握在手中，任何时候都不能旁落，否则就要犯无可挽回的历史性错误。"① 新中国成立初期党就非常重视宣传的话语权问题，为适应宣传工作需要特地加强了宣传部的组织建设。1951 年 1 月，中共中央发布《关于在全党建立对人民群众的宣传网的决定》，要求各级宣传部选拔一批精干的宣传员，在城乡普遍建立宣传网，对群众进行经常性的时事政策宣传。② 由此可以看出，中国共产党非常重视宣传工作的话语权问题。一是将坚持和发展马克思主义作为牢牢把握宣传话语权的核心。马克思主义作为中国共产党的指导思想，具有强大的号召力，马克思主义之所以至今仍具有旺盛的生命力，就在于它以科学的力量揭示了思维、自然和人类社会的发展规律，维护了最广大人民的根本利益，体现了辩证唯物主义和历史唯物主义的高度统一。当前，中国正处于全面深化改革的攻坚阶段，坚持马克思主义在宣传领域中的主导地位就是要做到用马克思主义、毛泽东思想和中国特色社会主义理论体系指导中华民族伟大复兴的实践。党的各级领导干部特别是宣传干部要通过对马克思主义理论的学习和运用，达到巩固其宣传领域话语权的目的。二是将正面宣传与抵制西方意识形态霸权并重。习近平总书记指出："在事关大是大非和政

---

① 习近平. 论党的宣传思想工作［M］. 北京：中央文献出版社，2020：21.

② 沈一之. 宣传学概论［M］. 石家庄：河北人民出版社，1988：67.

治原则问题上，必须增强主动性、掌握主动权、打好主动仗，帮助干部群众划清是非界限、澄清模糊认识。”① 当前中国经济发展举世瞩目，民生改善成效卓著，将一个有着14亿人口的大国带上了共同富裕的快车道，这足以证明中国共产党领导的中国治理模式的科学性和先进性，因此在宣传领域中，中国共产党要旗帜鲜明、理直气壮地大力宣传中国模式，让党的声音成为时代的最强音。同时要对各种错误思潮和倾向进行坚决的批判，当前以西方国家为主导建立的价值体系通过一些国际媒体在不断地对中国进行污蔑、压制，所以必须高度警惕，时刻保持清醒认识，对任何反马克思主义倾向要敢于亮剑，坚决反对。通过加强正面宣传和坚决抵制错误思潮并重的方式来牢牢掌控宣传话语权。

二、将宣传工作与群众利益相结合

习近平总书记在全国宣传思想工作会议上强调“党性和人民性从来都是一致的、统一的”。坚持把宣传工作的党性和人民性相统一，就是要坚持正确的政治方向，坚定不移地宣传党的理论和路线、方针、政策，坚决同党中央保持高度一致，坚持以人为本，树立以人民为中心的工作导向，把维护好最广大人民群众的根本利益作为宣传的出发点和落脚点。

（一）将维护广大人民群众的根本利益作为宣传工作的出发点和落脚点

人民群众是历史的创造者、社会物质财富和精神财富的创造者以及社会变革的决定性力量，在社会历史发展中起主体作用。“我们共产党人区别于其他任何政党的又一个显著的标志，就是和最广大的人民群众

---

① 习近平．论党的宣传思想工作［M］．北京：中央文献出版社，2020：14.

取得最密切的联系。”① 自建党以来，中国共产党在马克思主义理论的指引下始终坚持全心全意为人民服务的根本宗旨，始终把人民群众放在心中最高位置，真心实意地依靠人民群众，为着民族的解放、国家的独立、人民的幸福，付出自己的汗水、热血甚至生命。新中国成立后，中国共产党成为执政党，党的重点工作从进行革命战争转变为建设国家，党的群众路线得以在全国范围内实行，通过全党上下齐心协力开展工作，群众基础越发牢固，其中宣传发挥了重要作用。

中国共产党的宣传工作归根结底是群众工作，这就决定了必须将维护广大人民群众的根本利益作为宣传工作的出发点和落脚点。当前随着社会经济的发展，中国特色社会主义进入新时代，中国社会主要矛盾已经转化为人民日益增长的美好生活需要和不平衡、不充分的发展之间的矛盾。马克思在需求方面曾指出人有“生存、享受、发展”等方面的需求，在新的历史时期，广大人民群众的生活从基本小康迈向了全面小康，物质需要已经得到满足，为此追求更高水平的发展、更加美好的生活自然成为人民群众的新期待。这主要体现在人民群众对民主、法治、公平、正义、安全、环境等方面的要求日益增长，对优质教育资源、文化、住房、养老等需求日益强烈。但由于受发展不平衡、不充分影响，在很多方面还存在短板，如发展质量和效益还不够高、城乡之间发展不均衡、中国制造需要升级、生态环境领域问题突出、民生领域有所不足等。因此在这一背景下的宣传工作就需要立足于为人民群众办实事、做好事、解难事这一基本要求，坚持以人民为中心的立场，不忘初心、牢记使命，永远把人民利益放在第一位，做好党和人民群众之间互相沟通的桥梁。党的宣传工作只有将维护广大人民群众的根本利益作为出发点

① 毛泽东选集（第3卷）［M］. 北京：人民出版社，1991：1094.

和落脚点，才能赢得人民群众的信任和爱戴，才能为实现中华民族伟大复兴提供思想动力。

（二）将宣传工作融入群众日常生活中

中国共产党历来都非常重视用群众工作的思维来推动促进宣传工作，群众路线是我们党的生命线和根本工作路线，要把党的群众路线贯彻到治国理政的全部活动之中。因此党的宣传工作不仅要从群众中来，还要到群众中去。天津解放初期，党就将宣传工作立足于人民群众的现实需要，制定了很多符合群众利益的政策。如天津解放当天天津市军事管制委员会就发布了“军字第1号”布告，布告里明确告知：奉行共产党所制定的城市政策，遵照中国人民解放军平津前线司令部的约法八章（1948年12月22日，中国人民解放军平津前线司令部发布约法八章：一、保护各城市人民的生命财产；二、保护民族工业商业；三、没收官僚资本；四、保护学校、医院、文化教育机关、体育场所及其他一切公共设施，任何人不得破坏；五、原属国民党省市、县各级政府机关官员、警察人员、区镇乡保甲人员，凡不持枪抵抗，不阴谋破坏者，本军一律不俘虏和逮捕；六、为确保城市治安、安定社会秩序，一切散兵游勇均应向当地本军部队及警备司令部或公安局投诚报到；七、保护外国侨民生命财产的安全；八、无论在本军进城前和进城后，城内一切市民及各界人士，均需共同负责，维护社会秩序，免遭破坏。凡保护有功者奖，阴谋破坏者罚）① 实施军事管制。党通过此布告迅速稳定了天津市广大群众的人心，为其后的接管工作奠定了基础。

宣传是意识形态工作的重要组成部分，是引导群众更加全面客观地

① 天津市档案馆，中共天津市委党校．中共天津历史档案选编（1949年卷）[M]．北京：中共党史出版社，2019：7.

认识新中国、看待外部世界的根本途径，其本质就是做人的工作，核心在于宣传的内容和形式要贴近实际、贴近生活、融入群众。因此宣传工作要充分反映群众的真实愿望，在推进理论普及、舆论引导、新闻宣传报道等各项工作的过程中，要充分反映生产建设一线的真实场景，充分反映人民群众的火热生活。要高度关注民生，把话筒、镜头和笔尖对准教育、住房、医疗、就业等民生领域，主动深入群众、深入基层，通过贴近群众的工作方式来维护好、发展好、实现好群众的根本利益。要敢于创新，主动接纳新媒体。党媒党报要大胆使用新媒体平台，促进信息发布渠道多元化，增强与普通居民信息互动和沟通，与广大群众打成一片，要坚持为民疾呼。理论研究、新闻报道等各项具体宣传工作要为解困惑、明方向、破难题、促发展营造良好的舆论氛围，弘扬主旋律、传播正能量。

三、要不断筑牢基层宣传主阵地

宣传是在人的头脑中搞建设，做好宣传工作，是一个国家凝聚人心的重要途径，是一个政党提升影响力的重要手段。天津解放后，中国共产党就第一时间接管天津的学校、报纸、出版社、通讯社等。1949 年 1 月 15 日天津解放当天下午就接管了天津广播电台，当晚就开始播音，1 月 16 日建立了新华社天津分社，1 月 17 日创办了《天津日报》，坚决把通讯广播、报纸刊物、文教学校等宣传主阵地牢牢掌握在手中。当前面对意识形态领域的复杂形势，必须在全领域全范围内牢固树立宣传中国特色社会主义的主阵地。习近平总书记在全国宣传思想工作会议上强调，“宣传思想部门承担着十分重要的职责，必须守土有责、守土负责、守土尽责”①。宣传思想阵地，我们不去占领，人家就会去占领。因此必须认识到筑牢基层宣传主阵地的重要性，要在各宣传领域阵地主动宣介新时代中国特色社会主义思想，主动讲好中国共产党治国理政的故事、中国人民奋斗圆梦的故事、中国坚持和平发展合作共赢的故事，让世界更好地了解中国。

（一）筑牢新闻媒体宣传阵地

天津解放初期，中国共产党就高度重视新闻媒体宣传阵地建设，在1949年12月6日发布的天津市人民政府令中就提出：“目前，我们的市政报道工作，还是比较薄弱的一环，在城市里我们更应很好地利用报纸、电台及一切宣传工具作为我们推行工作的助手，通过它们把我们的政策方针及一切重要工作及时反映出去，并借以提高与教育群众，是非常必要的。”② 这强调了加强对市政新闻报道领导的重要性，为我们当今筑牢新闻媒体宣传阵地提供了值得借鉴的经验。

习近平总书记强调：“党的新闻舆论工作坚持党性原则，最根本的是坚持党对新闻舆论工作的领导。党和政府主办的媒体是党和政府的宣传阵地，必须姓党。”③ 当前西方意识形态不断对中国进行渗透，在这一背景下必须坚持党管媒体的原则，坚定筑牢新闻媒体宣传阵地。一是强化宣传部门责任意识，加强新闻媒体管理。党的宣传部门要自觉向党中央看齐，增强四个意识，要把宣传党的主张和反映人民心声统一起来，要旗帜鲜明地报道中国经济社会改革发展的成果，报道各类先进事迹，弘扬中国模式、传播正能量，把全国各族人民团结起来，齐心协力

① 习近平. 论党的宣传思想工作［M］. 北京：中央文献出版社，2020：18.
② 中共天津市委党史资料征集委员会，天津档案馆. 天津接管史录（上卷）［M］. 北京：中共党史出版社，1991：794.
③ 习近平. 论党的宣传思想工作［M］. 北京：中央文献出版社，2020：181.

共谋发展。二是优化对外新闻宣传战略，不断提升讲好中国故事的能力。近些年来随着中国的快速崛起，一些国外媒体出现了“中国威胁论”的误读。为此中国新闻媒体应及时有效回应，要敢于走出去，先声夺人，积极主动与国外媒体对接合作，提升国内主流媒体国际化程度，客观真实地传播中国声音，讲好中国故事。三是要牢记社会责任，锻造宣传铁军。打铁还需自身硬，牢固的阵地还需要有“铁军”把守，对新闻媒体从业者要大力开展马克思主义新闻观教育，不断提高新闻媒体从业人员的政治素养、理论水平、政策水平、业务能力，努力锻造出一支具有铁一般信仰、铁一般信念、铁一般纪律、铁一般担当的“宣传铁军”。

（二）筑牢网络宣传阵地

习近平总书记指出：“我们党之所以能够历经考验磨难无往而不胜，关键就在于不断进行实践创新和理论创新。”天津解放初期为进一步加强宣传工作，天津人民广播电台就进行了大量创新尝试，在1949年8月4日天津人民广播电台所做的工作总结中就提出宣传工作必须不断创新和尝试，要到工厂、学校中，动员工人、学生广播，要利用歌曲、播音剧等多种多样的形式来进行宣传教育。

“近年来随着互联网的快速发展和迅速普及，以微博、论坛等为代表的新兴网络媒体改变了传统的信息传播模式，中国已经步入了一个新媒体时代。”① 新媒体时代的最大特征就是以网络为依托，信息传播速度快、覆盖面广、交互性强，信息的发布渠道趋向多元，增强了社会中不同主体间的信息互动和沟通，新媒体平台传播信息时冲击力强、趣味

① 马得勇，等. 新媒体时代政府公信力的决定因素——透明性、回应性抑或公关技巧［J］. 公共管理学报，2014（1）：106.

性强、感染力强，更容易受到普通民众的接纳，这打破了政府主导发布信息的单向模式，对党媒、官媒形成冲击。习近平总书记提出了必须科学认识网络传播规律，提高用网治网水平，使互联网这个最大变量变成事业发展的最大增量等一系列重要论述，为在新时期做好网络宣传阵地建设工作指明了主攻方向。一是坚持正确舆论导向，加强网络“正能量”宣传力度。各级党委和政府官网要围绕国家中心工作，广泛深入宣传党中央的重大决策部署，大力弘扬社会主义核心价值观，引导发展积极健康向上的网络文化，筑牢网络宣传阵地。二是坚持履行职责使命，提升网络舆论监管水平。要加强网信部门建设，切实做好网络舆情监控和分析，加强网络舆论引导，及时发现、预警、处置网上有害信息。建立完善网络新闻发言人和网络评论员等舆论引导队伍建设，引导网民始终充满积极向上的正能量。对社会关切、网民关注的问题要及时、准确、统一发布权威信息，主动回应社会关切，及时引导网络舆论。三是坚持马克思主义新闻观，加强网络宣传阵地建设。要深入开展马克思主义新闻观教育，引导广大论坛管理员、微博大V、微信公众号成为公平正义的网络守望者。加强网上精神文明创建活动，大力创建文明网站，引导互联网站遵守行业道德公约。要切实推动传统媒体和新兴媒体在内容、渠道、平台、经营、管理等方面的深度融合，不断开展网上舆论引导，传递正能量。

（三）筑牢基层社区宣传阵地

基层是宣传工作的源头活水，是宣传工作的肥田沃土。只有深深地扎根基层，宣传工作才能有的放矢、有所作为，才会接地气，富有生命力。毛泽东同志强调过：“我们的同志不要以为自己了解了的东西，广大群众也和自己一样都了解了。群众是否已经了解并且是否愿意行动起来，要到群众中去考察才会知道……我们的同志不要以为自己还不了解的东西，群众也一概不了解。许多时候，广大群众跑到我们前头去了。”① 新中国成立后，党高度重视基层宣传工作，与群众取得密切联系，广泛地征求意见。如天津广播电台开设初期，广播站工作人员经常调查听众分配情形及听众心理，并设立听众服务时间，解答思想问题与介绍群众所需要知道的事情。② 再如天津市在开展手工业联营工作中就认识到要指导他们改进技术、减低成本、提高质量、划一规格、统一牌号，真正做到保质保量、不欺不骗、物美价廉，适合消费者的要求，并通过各种方式宣传出去。这充分说明党一贯重视对基层的宣传工作。

习近平总书记强调：“宣传思想工作创新，重点要抓好理念创新、手段创新、基层工作创新，努力以思想认识新飞跃打开工作新局面，积极探索有利于破解工作难题的新举措新办法，把创新的重心放在基层一线。”③ 城乡社区作为基层治理的基本单元以及居民生活的共同体，是构建全民共建共享社会治理格局的重中之重。而基层宣传阵地建设对促进基层治理模式、改善基层治理效果具备正向引导作用。一是持续抓好基层党组织的学习教育。基层党组织是基层各项工作的领导核心，要定期通过基层党委中心组理论学习、“三会一课”、每周例会等方式，学习探讨习近平新时代中国特色社会主义思想，深入领会党中央的路线、方针、政策。同时在基层党组织全体党员范围内积极推广和使用“学习强国”App，坚持每日学习，切实提高基层党组织成员的理论水平。二是创新方式方法开展基层宣传。城乡社区作为居民居住的基层形态，

① 毛泽东选集（第3卷）［M］．北京：人民出版社，1991：1095.

② 中共天津市委党史资料征集委员会，天津档案馆．天津接管史录（上卷）［M］．北京：中共党史出版社，1991：372.

③ 习近平．论党的宣传思想工作［M］．北京：中央文献出版社，2020：14.

特点各有不同，城市社区中年轻人较多，可熟练使用网络，农村社区中以老年人为主，更热衷于面对面交流。针对不同的社区特点，开展有针对性的宣传活动，在城市社区多举办线上党课等活动，在农村社区多举办专题宣讲，找准理论与群众关注的结合点，以群众满意度检验宣讲效果。如天津市红桥区借助“互联网+”、大数据、云平台等信息技术建成了“智慧红桥”基层社会治理平台系统，并依靠这一平台系统开展区、街道、社区三级网格化治理。全区的网格化治理以手机 App 等移动终端为依托，坚持线上线下相结合，实现大事全网联动、小事一格解决。[①] 以科技为依托的网格化治理有效提升了基层民众的获得感，提升了群众对党和政府的信任和认可。三是完善基层宣传机制。新时代新形势新要求，基层宣传工作的环境、任务发生了重大变化，人民群众获取信息的方式和舆论生成的方式也发生了重大变化，要通过健全基层宣传调控体系、创新基层宣传制度建设来进一步完善基层宣传工作体制机制，才能从根本上使基层宣传工作取得实效。

---

① 师林，孔德永. 制度—效能：基层党建引领社区治理的创新实践——以天津市“战区制、主官上、权下放”模式为例［J］. 天津市委党校学报，2020（1）：20.

结　语

习近平总书记指出："中国共产党的历史是一部丰富生动的教科书。"党的宣传工作是这本教科书中熠熠生辉的一页。中国共产党自诞生之日起就把宣传工作作为一项重要任务来抓。新民主主义革命时期，党通过宣传动员教育人民、团结人民，打击敌人、消灭敌人，取得了革命的胜利。新中国成立初期，中国共产党的中心任务之一是管理城市和建设城市，尽快地获得城市民众的人心至关重要。基于此，宣传工作特别是基层宣传工作就成为城市民众认识、接受、支持中国共产党执政的一项重要任务。

天津是中国较早解放的大城市之一，中国共产党在这里执政的"答卷"备受瞩目。面对困局和挑战，刚刚进城的党将宣传工作作为建设管理城市的开路先锋，借鉴革命时期积累的宣传经验在天津进行了强有力的舆论输出。天津市通过多种宣传方式向群众传播党的主张、方针和政策，推广先进经验、推广新事物，引导和鼓舞人们建设新生活、改造旧世界。在强大的正面传播下，党在短时间内便获得了天津市民的认可，站稳了脚跟，为中国共产党的全国执政打开了局面。天津市的宣传工作发挥了强大的作用，向群众解释了党的主张，鼓舞和激发了群众的热情与斗志。恰当而有力的宣传使各项政治运动得到了广大群众的认同和支持。

党的十八大以来，以习近平同志为核心的党中央高度重视宣传思想工作，基于新时期各项事业发展的总体需要，就党的宣传工作提出了一系列重要的新思想、新观点、新论断和新要求，形成了坚持党对意识形态工作的领导权，坚持用新时代中国特色社会主义思想武装全党、教育人民，坚持提升新闻舆论传播力、引导力、影响力、公信力等“九个坚持”为核心的宣传思想工作的规律性认识。当前世情、国情、党情的深刻变化都对宣传工作提出了新要求。多元化的社会思潮要求宣传思想更具引领性，宣传队伍更具专业性，宣传内容更具针对性，宣传工作更具主动性。面对新时期国际国内的新形势，党的宣传工作必须承担起新的责任与使命：第一，在宣传领导上，加强党对宣传思想工作的全面领导。党政军民学，东西南北中，党是领导一切的，必须将坚持和发展马克思主义作为牢牢把握宣传话语权的核心，坚持党管宣传，党管意识形态。第二，在宣传主体上，党的各级领导干部特别是宣传干部，要通过对马克思主义理论的学习和运用，达到巩固其宣传领域话语权的目的，这就要求宣传队伍的政治过硬、本领高强，在树牢“两个巩固”“两个维护”“四个意识”“四个自信”的要求下，建构起一支有思想、有能力的宣传思想工作队伍。第三，在宣传对象上，要将宣传服务的重心放在城镇基层社区，放在农村厂矿。树立党的宣传服务对象在基层的工作理念，向基层下沉工作主体与服务投入，摒弃宣传思想工作中“面子工程”“政绩工程”和“形象工程”的错误思维，坚决祛除“做给上面看”的不良宣传动机，将深入基层、服务基层、扎根基层做宣传，一心一意为群众解难排忧，全心全意为基层凝心聚力，作为每一位基层“宣传人”的重要工作遵循。第四，在宣传内容上，要注重聚焦以习近平新时代中国特色社会主义思想为重要内容的党的理论创新，深化对中国特色社会主义、社会主义核心价值观、中华优秀传统文化等主流思想舆论的巩固壮大，促进国家文化软实力和中华文化影响力的大幅提升，特别是通过建党百年这一重要历史节点的党史宣传工作，进一步坚定党史学习教育的理论自信与行动自觉，做到学史明理、学史增信、学史崇德、学史力行，坚定传承红色基因，赓续共产党人精神血脉。同时要注重宣传内容贴近生活、贴近实际、贴近群众，通过梳理基层宣传工作的理论构成与执行方式，寻找和总结党的宣传工作发展的规律性特征。第五，在宣传方式上，要加快构建高质量的网络新媒体宣传与文化产品供给体系。依托网络新媒体传播速度快、覆盖面广、交互性强的特点，创新健康优质的网络新媒体宣传方式，推动公共文化服务的标准化、均等化，高效灵活运用“云大物智”等智能手段，提高基层文化宣传的适用性以及基本公共文化服务的覆盖面，以高质量宣传信息供给与文化供给促动新型文化业态培育，增强群众便利获取“正能量”文化产品与信息服务的获得感、幸福感。第六，在宣传交往上，要大力推进国际传播能力建设。当前国际意识形态领域的斗争复杂而严峻，必须增强对外宣传工作的主动性，掌握主动权，打好主动仗，将正面宣传与抵制西方意识形态霸权并重，帮助干部群众划清是非界限、澄清模糊认识，打好国际舆论战，同时注重将中华优秀传统文化以及“人类命运共同体”“一带一路”“中国梦”等美好理念与行动倡议向世界广为传播，讲好中国故事、发出中国声音、展现中国智慧，在国际范围擘画汇聚起包容、合作、共享的最大“同心圆”。

总体来说，新时代基层宣传思想工作的真谛是做“人”的工作，特别是要从思想价值观层面做触及“人心”的工作，激浊扬清、凝心聚力，促进广大民众尤其是基层群众紧紧团结在党中央周围，坚定理想信念、凝聚价值理念、秉持道德观念，始终做到高举旗帜、凝聚民心、化育新人、兴盛文化、展现形象。具体来讲，“高举旗帜”就是切实加强用新时代中国特色社会主义思想教育武装基层群众，用群众喜闻乐见的宣传方式推动当代中国马克思主义在广大基层群众内心落地生根，反对将基层宣传带入形式主义与官僚主义的误区，防避“八股文”“空话套话”“打官腔”等不良文风的消极影响。“凝聚民心”就是切实把握正确的舆论导向，从基层群众最关心、最在乎、最期盼的事出发，擅于从“小事儿”中发现“大问题”，唱响主旋律、壮大正能量，最大程度地发挥好互联网这个基层宣传思想工作中的最大变量，科学加强和运用新媒体、自媒体传播手段和话语方式，把正确的观点旗帜鲜明地“亮”出来，将错误的立场观念堂堂正正地“批”下去，从而使得代表基层、服务基层、贯通基层的宣传公信力始终处于“上风”，让党的创新理论“飞入寻常百姓家”。“化育新人”就是切实树牢立德树人的教育根本任务与根本目标，全面加强和改进思想政治理论课的教学工作，通过积极培育和践行社会主义核心价值观，推进和实施公民道德建设工程等举措，带动全社会形成文明乡风、良好家风、淳朴民风的新气象，打通阻滞基层思想宣传与群众内心接受相互贯通的“最后一公里”。“兴盛文化”就是切实从基层群众最期盼的文化服务入手，推动公共文化服务标准化、均等化，完善共享共建的高质量公共文化服务体系，坚决抵制低俗、庸俗、媚俗的不良文化倾向与宣传方式，广泛宣扬健康向上、鼓舞人心、陶冶情操的优秀文艺作品特别是网络文艺作品，在乡村基层、厂矿社区、街道楼宇、边远地区，用高质量的文化供给全面提升普通群众的文化参与感、获得感和幸福感。“展现形象”就是切实主动讲透讲好我们党治国理政、我们人民奋斗圆梦、我们国家伟大复兴的新时代故事，精准把握新时代宣传理念、宣传机制、宣传队伍改革创新中的重点、难点、盲点，高度重视和补足基层宣传队伍中仍存在的编制不够、资源不足、素质不强、形式不新、机制不畅、效果不良等消极情况，广泛发动起基层宣传教育的群众合力，汇聚起基层“大宣传”的资源力量。

明镜所以照形，古事所以知今。总结中国共产党在历史上发挥宣传优势、有效进行社会管理的经验，对今天有着积极的借鉴意义。我们要吸取历史经验用好宣传、做好宣传，统一思想、凝聚力量，推进党和国家事业进一步向前发展。

参考文献

一、经典著作与文献史料类

[1] 马克思恩格斯选集（1-4卷）[M]. 北京：人民出版社，2012.

[2] 马克思恩格斯文集（1-10卷）[M]. 北京：人民出版社，2009.

[3] 马克思恩格斯全集（第1卷）[M]. 北京：人民出版社，1956.

[4] 马克思恩格斯全集（第9卷）[M]. 北京：人民出版社，1961.

[5] 马克思恩格斯全集（第22卷）[M]. 北京：人民出版社，1965.

[6] 马克思恩格斯全集（第27卷）[M]. 北京：人民出版社，1972.

[7] 马克思恩格斯全集（第34卷）[M]. 北京：人民出版社，1972.

[8] 马克思恩格斯全集（第37卷）[M]. 北京：人民出版社，1971.

[9] 列宁选集（1-4卷）[M]. 北京：人民出版社，2012.

[10] 列宁全集（第2卷）[M]. 北京：人民出版社，2013.

[11] 列宁全集（第4卷）[M]. 北京：人民出版社，2013.

[12] 列宁全集（第5卷）[M]. 北京：人民出版社，2013.

[13] 列宁全集（第28卷）[M]. 北京：人民出版社，2017.

[14] 列宁专题文集 论社会主义 [M]. 北京：人民出版社，2009.

[15] 列宁专题文集 论无产阶级政党 [M]. 北京：人民出版社，2009.

[16] 列宁专题文集 论辩证唯物主义和历史唯物主义 [M]. 北京：人民出版社，2009.

[17] 列宁专题文集 论马克思主义 [M]. 北京：人民出版社，2009.

[18] 毛泽东选集（1-4卷）[M]. 北京：人民出版社，1991.

[19] 毛泽东文集（1-2卷）[M]. 北京：人民出版社，1993.

[20] 毛泽东文集（3-5卷）[M]. 北京：人民出版社，1996.

[21] 毛泽东文集（6-7卷）[M]. 北京：人民出版社，1999.

[22] 毛泽东年谱（1893—1949）（修订本）上卷、中卷、下卷 [M]. 北京：中央文献出版社，2013.

[23] 周恩来选集（上卷）[M]. 北京：人民出版社，1980.

[24] 周恩来选集（下卷）[M]. 北京：人民出版社，1984.

[25] 刘少奇选集（上卷）[M]. 北京：人民出版社，1981.

[26] 刘少奇选集（下卷）[M]. 北京：人民出版社，1985.

[27] 陈云文选（1-2卷）[M]. 北京：人民出版社，1984.

[28] 陈云文选（第3卷）[M]. 北京：人民出版社，1986.

[29] 中共中央宣传部. 毛泽东周恩来刘少奇朱德论党的宣传工作 [M]. 北京：中共中央党校出版社，1989.

[30] 习近平. 论党的宣传思想工作 [M]. 北京：中央文献出版社，2020.

[31] 习近平谈治国理政第一卷 [M]. 北京：外文出版社，2018.

[32] 习近平谈治国理政第二卷 [M]. 北京：外文出版社，2017.

[33] 习近平谈治国理政第三卷 [M]. 北京：外文出版社，2020.

[34] 习近平新时代中国特色社会主义思想学习纲要 [M]. 北京：

学习出版社、人民出版社，2019.

[35] 中共中央文献研究室，新华通讯社. 毛泽东新闻工作文选[G]. 北京：新华出版社，1983.

[36] 中共天津市委组织部，中共天津市委党史资料征集委员会，天津市档案馆. 中国共产党天津市组织史资料（1920—1967）[M]. 北京：中国城市出版社，1991.

[37] 天津市地方志编修委员会办公室. 天津通鉴（上卷）[M]. 北京：中国青年出版社，2005.

[38] 中国共产党天津志编修委员会，天津市地方志编修委员会. 中国共产党天津志 [M]. 北京：中共党史出版社，2007.

[39] 中共天津市委党史研究室. 中国共产党天津历史大事记[M]. 北京：中共党史出版社，2001.

[40] 天津市档案馆，中共天津市委党校. 中共天津历史档案选编(1949 年卷) [M]. 北京：中共党史出版社，2019.

[41] 中共天津市委党史研究室，天津市档案局. 天津土地改革运动 [M]. 天津：天津人民出版社，1998.

[42] 中共天津市委党史研究室，天津市档案局. 天津手工业的社会主义改造 [M]. 天津：天津人民出版社，1998.

[43] 中共天津市委党史资料征集委员会. 中国资本主义工商业的社会主义改造（天津卷）[M]. 北京：中共党史出版社，1991.

[44] 中共天津市委党史资料征集委员会，天津档案馆. 天津接管史录（上卷）[M]. 北京：中共党史出版社，1991.

[45] 中共天津市委党史资料征集委员会. 天津接管史录（下卷）[M]. 北京：中共党史出版社，1994.

[46] 中共天津市南开区委党史研究室. 中共天津市南开区历史

(1949—2010) [M]. 北京：中共党史出版社，2011.

[47] 中共天津市河东区委党史研究室. 中共天津市河东区历史 (1949—2010) [M]. 北京：中共党史出版社，2011.

[48] 中共天津市和平区委党史研究室. 中共天津市和平区历史 (1949—2010) [M]. 北京：中共党史出版社，2011.

[49] 中共天津市委党史研究室. 中国共产党天津历史（第1卷）[M]. 北京：中共党史出版社，2005.

[50] 中共天津市委党史研究室. 中国共产党天津历史（第2卷）[M]. 北京：中共党史出版社，2015.

[51] 天津市档案馆. 天津解放 [M]. 北京：中国档案出版社，2009.

[52] 天津市档案馆. 近代以来天津城市化进程实录 [M]. 天津：天津人民出版社，2005.

[53] 天津市档案馆. 解放初期天津城市经济宏观管理 [M]. 天津：中共天津市委印刷厂，1995.

[54] 中共天津市委党史研究室. 城市的接管与社会改造（天津卷）[M]. 天津：天津人民出版社，1998.

[55] 中共天津市地方志编修委员会. 天津通志：中国共产党天津志 [M]. 北京：中共党史出版社，2007.

[56] 中共天津市委党史资料征集委员会. 难忘的岁月——天津市解放初期社会治理纪实 [M]. 北京：中共党史出版社，1994.

[57] 中国人民解放军天津警备区. 解放天津 [M]. 天津：天津人民出版社，1988.

[58] 黄克诚年谱编写组. 黄克诚年谱 [M]. 北京：当代中国出版社，2018.

[59] 黄克诚. 黄克诚自述 [M]. 北京：人民出版社，1994.

[60] 中共天津市委党史研究室. 中共天津历史简明读本 [M]. 天津：天津人民出版社，2011.

[61] 李文芳. 中共天津党建史研究（1949—2008）[M]. 天津：天津古籍出版社，2008

[62] 中共天津市委党史研究室，天津市档案馆. 中国共产党天津市历次代表大会文献选编 [M]. 内部出版，2002.

[63] 天津市文化局文化史志编修委员会，天津市解放区文学研究会. 人民文艺花开津门 [M]. 天津：天津杨柳青画社出版社，1999.

[64] 中共天津市委党史资料征集委员会，天津市妇女联合会. 天津女星社 [M]. 北京：中共党史资料出版社，1985.

[65] 中共中央文献研究室，中央档案馆. 建党以来重要文献选编（1921—1949）1-26 册 [G]. 北京：中央文献出版社，2011.

[66] 中共中央宣传部办公厅，中央档案馆. 中国共产党宣传工作文献选编（1-4 册）[G]. 北京：学习出版社，1996.

二、著作类

[1] 梁漱溟. 中国文化要义 [M]. 上海：上海世纪出版社，2005.

[2] 费孝通. 乡土中国 [M]. 北京：北京大学出版社，2012.

[3] 杨奎松. 新中国建国史（1-2 卷）[M]. 南昌：江西人民出版社，2015.

[4] 刘海龙. 宣传：观念、话语及其正当化 [M]. 北京：中国大百科全书出版社，2020.

[5] 东方治. 宣传工作 [M]. 北京：中共党史出版社，2011.

[6] 沈一之. 中国共产党宣传学概论（上、下册）[M]. 石家庄：河北人民出版社，1988.

[7] 向在仁. 宣传学概论 [M]. 成都：四川社会科学院出版社，1988.

[8] 林之达. 中国共产党宣传史 [M]. 成都：四川人民出版社，1990.

[9] 李炎巨，陈开国. 宣传工作概论 [M]. 长沙：湖南人民出版社，1986.

[10] 李良荣. 宣传学导论 [M]. 福州：福建人民出版社，1989.

[11] 宋锡仁. 宣传学讲授纲要 [M]. 成都：四川人民出版社，1990.

[12] 刘平斋，陈德言. 马克思恩格斯列宁斯大林毛泽东论宣传 [M]. 成都：四川省社会科学院出版社，1988.

[13] 张艺兵. 毛泽东的宣传思想研究 [M]. 北京：中国社会科学出版社，2019.

[14] 陈力丹. 马克思主义新闻思想概论 [M]. 上海：复旦大学出版社，2006.

[15] 刘建明. 邓小平宣传思想研究 [M]. 沈阳：辽宁人民出版社，1990.

[16] 雷跃捷. 邓小平新闻宣传理论研究 [M]. 北京：中国传媒大学出版社，2002.

[17] 张广文. 解放初期的天津商业 [M]. 天津：天津社会科学院出版社，1990.

[18] 刘素新. 解放初期的天津 [M]. 北京：中共党史出版社，2009.

[19] 郭凤岐. 天津的城市发展 [M]. 天津：天津古籍出版社，2004.

[20] 郭德宏，冯成略. 丰碑——中国共产党八十年奋斗与辉煌（天津卷）[M]. 北京：中央文献出版社，人民日报出版社，2001.

[21] 郑质英. 天津市四十五年大事记（1949—1993）[M]. 天津：天津人民出版社，1995.

[22] 王丽. 近代天津城市文化特质的形成研究 [M]. 天津：天津社会科学院出版社，2019.

[23] 马艺. 天津新闻传播史纲要 [M]. 北京：新华出版社，2005.

[24] 王以鸿，李文芳. 中国共产党天津历史图鉴 [M]. 北京：中央文献出版社，2011.

[25] 周利成，王向峰. 旧天津的诞生 [M]. 天津：天津人民出版社，2009.

[26] 罗澍伟. 近代天津城市史 [M]. 北京：中国社会科学出版社，2017.

[27] 刘道华. 中共天津地方党史简辑 [M]. 天津：天津人民出版社，1991.

[28] 贾宝红. 天津当代农业发展史（1949—2010）[M]. 北京：中共农业科学技术出版社，2017.

[29] 荒煤，周巍峙. 天津解放以来文艺工作经验介绍 [M]. 天津：天津人民艺术出版社，1949.

[30] 于建嵘. 岳村政治—转型期中国乡村政治结构的变迁 [M]. 北京：商务印书馆，2001.

[31] 王炳林. 党的历史与党的建设研究 [M]. 北京：人民出版社，2016.

[32] 周雪光. 中国国家治理的制度逻辑——一个组织学研究 [M]. 北京：生活. 读书. 新知三联书店，2017.

[33] 李磊明. 党报理论宣传新论 [M]. 杭州：浙江大学出版社，2012.

[34] 齐小林. 当兵——华北根据地农民如何走向战场 [M]. 成都：四川人民出版社，2015.

[35] 吕德文. 找回群众：重塑基层治理 [M]. 北京：生活. 读书. 新知三联书店，2015.

[36] 张大维. 中国共产党的社区建设理论与实践 [M]. 武汉：华中师范大学出版社，2012.

[37] 杨玉文. 城市接管亲历记 [M]. 北京：中国文史出版社，1999.

[38] [美] 爱德华·L. 伯内斯. 宣传 [M]. 胡百精，等译. 北京：中国传媒大学出版社，2014.

[39] [美] 哈罗德·D. 拉斯韦尔. 世界大战中的宣传技巧 [M]. 张洁，田青，译. 北京：中国人民大学出版社年版，2003.

[40] [美] 诺姆·乔姆斯基，戴维·巴萨米安. 宣传与公共意识 [M]. 信强，译. 上海：上海译文出版社，2006.

[41] [美] 约翰·R. 扎勒. 公共舆论 [M]. 陈心想，等译. 北京：中国人民大学出版社，2002.

[42] [英] 布莱恩·麦克海尔. 政治传播学引论 [M]. 殷祺，译. 北京：新华出版社，2005.

[43] [美] 李普曼. 舆论学 [M]. 林珊，译. 北京：华夏出版社，1989.

[44] [美] 埃德加·斯诺. 西行漫记 [M]. 董乐山，译. 北京：东方出版社，2005.

[45] [美] 费正清. 美国与中国 [M]. 张理京，译. 北京：世界知识出版社，1999.

［46］［美］费正清. 伟大的中国革命：1800—1985［M］. 刘尊棋，译. 北京：世界知识出版社，2000.

［47］［美］弗里曼. 中国乡村：社会主义国家［M］. 陶鹤山，译. 北京：社会科学文献出版，2002.

［48］［美］R. 麦克法夸尔，费正清. 剑桥新中国史（上卷）：革命的中国的兴起（1949—1965）［M］. 谢亮生，等译. 北京：中国社会科学出版社，1990.

［49］［美］沈大伟. 中国共产党：收缩与调适［M］. 目增奎，等译. 北京：中央编译出版社，2012.

三、期刊论文类

［1］习近平. 习近平论基层宣传思想文化工作——十八大以来重要论述摘编［J］. 党建，2015（5）.

［2］李克强. 协调推进城镇化是实现现代化的重大战略选择［J］. 中国报道，2013（3）.

［3］李长春. 广泛深入宣讲党的十七届六中全会精神　推动兴起学习宣传贯彻全会精神的热潮［J］. 求是，2011（21）.

［4］李长春. 奋力开创宣传思想文化工作新局面，为党的十八大胜利召开营造良好氛围［J］. 党建，2011（21）.

［5］刘云山. 深入推进党的理论创新成果宣传阐释　为党的十八大召开营造良好思想理论氛围［J］. 党建，2012（5）.

［6］刘云山. 深化"走基层、转作风、改文风"活动，推动宣传思想文化工作更好地服务人民群众［J］. 党建，2012（2）.

［7］特约评论员. 进一步开阔宣传思想工作的视野［J］. 新闻战

线，2005（11）.

[8] 雒树刚. 坚持不懈地用中国特色社会主义理论体系武装全党 [J]. 求是，2009（24）.

[9] 刘奇葆. 推动宣传思想文化工作上水平上台阶 [J]. 党建，2013（2）.

[10] 王英辉. 宣传思想工作要在"管用"上下功夫 [J]. 中国党政干部论坛，2009（4）.

[11] 刘锡诚. 第二次国内革命战争时期的革命歌谣 [J]. 文史哲，1962（5）.

[12] 郭天宝. 在实践中加强和改进基层宣传思想工作 [J]. 思想政治工作研究，2009（3）.

[13] 白崎，吴广庆. 新时期中国共产党的宣传思想工作 [J]. 党政干部学刊，2009（9）.

[14] 黄良平. 提高基层宣传思想工作的科学化水平——福州市鼓楼区做活宣传的实践探索与启示 [J]. 中共福建省委党校学报，2013（3）.

[15] 胡陈芳. 基层理论宣传如何更接地气 [J]. 人民论坛，2017（28）.

[16] 黄芝晓. 加强基层组织建设宣传是党建理论宣传的重点 [J]. 理论学习月刊，1995（12）.

[17] 胡宗浚. 解放前天津商业发展概述 [J]. 天津商学院学报，1992（1）.

[18] 董振修. 马克思主义的传播与天津早期工人运动 [J]. 天津社会科学，1983（S1）.

[19] 胡巧雅，王伟平. 改革开放40年来社会思潮变迁对政治文化的同质与解构 [J]. 思想教育研究，2019（9）.

[20] 宋文章. 北洋军阀政府破坏马克思列宁主义在中国传播的一

些罪行［J］. 历史教学，1962（10）.

［21］杨丽萍. 新中国成立初期上海基层社会管理中的宣传工作研究［J］. 党的文献，2015（2）.

［22］卢新宁，陆春龄. 从政治宣传到政治传播——“任仲平”文章《改变历史的“北京时间”》解析［J］. 新闻战线，2011（2）.

［23］马春梅，颜廷标. 后危机时代宣传思想工作思路转变［J］. 未来与发展，2010（11）.

［24］郑保卫. 中国共产党年新闻宣传工作经验及启示［J］. 中国广播电视学刊，2011（6）.

［25］贾查林. 中国共产党媒介关系年［J］. 新闻爱好者，2007（3）.

［26］彭正德. 新中国成立初期合作化中的政治动员与农民认同——以湖南省醴陵县为例［J］. 中共党史研究，2010（5）.

［27］吴珍美. 中国共产党在抗日战争中的宣传工作［J］. 求是，2005（14）.

［28］叶皓. 从宣传到传播：新时期宣传工作创新趋势［J］. 现代传播，2009（4）.

［29］马春梅，颜廷标. 后危机时代宣传思想工作思路转变［J］. 未来与发展，2010（11）.

［30］李磊明. 中国共产党对理论宣传规律的探索［J］. 新闻与传播研究，2007（3）.

［31］李秀忠. 应重视加强对中共宣传工作的研究［J］. 党史研究与教学，1990（1）.

［32］寇清杰，李宗建. 党的宣传思想工作转变研究综述［J］. 理论学刊，2012（6）.

［33］李宗建，徐锋. 宣传的时代：国际视野与中国内涵［J］. 社

会主义研究，2013（1）.

[34] 董兴杰，才华. 中共宣传思想工作机构建设的历史考察——以宣传部系统为例 [J]. 河北师范大学学报（哲学社会科学版），2012（1）.

[35] 王炎. 新中国历史上的宣传网制度 [J]. 中共党史资料，2007（3）.

[36] 徐勇. “宣传下乡”：中国共产党对乡土社会的动员与整合 [J]. 中共党史研究，2010（10）.

[37] 李芬. 过渡时期总路线的宣传与河北农村社会心理变迁 [J]. 党史博采，2010（8）.

[38] 白崎，吴广庆. 新时期中国共产党的宣传思想工作 [J]. 党政干部学刊，2009（9）.

[39] 马得勇，等. 新媒体时代政府公信力的决定因素——透明性、回应性抑或公关技巧 [J]. 公共管理学报，2014（1）.

[40] 杨德山. 中共历史上的 80 个口号和术语 [J]. 北京行政学院学报，2001（4）.

[41] 师林，孔德永. 制度—效能：基层党建引领社区治理的创新实践——以天津市“战区制、主官上、权下放”模式为例 [J]. 中共天津市委党校学报，2020（1）.

[42] 史泽源. 抗战时期中共基层政权的选举宣传——以晋察冀边区为例 [J]. 日本侵华南京大屠杀研究，2019（2）.

[43] 黄利新. 论北京市城区基层组织在抗美援朝运动中的宣传工作 [J]. 北京社会科学，2011（5）.

[44] 王凛然. 革命与认同：1949 年中共对天津的接管 [J]. 党史研究与教学，2014（2）.

[45] 符鹏. 天津解放初期工厂接管的历史实践与伦理意涵 [J].

中共党史研究，2017（6）.

［46］李秉刚，王恩宝. 黄火青在天津的岁月［J］. 中共天津市委党校学报，2000（3）.

［47］潘彩霞. 黄敬与天津信访工作［J］. 百年潮，2016（3）.

［48］王昌兰，谷志强. 从邯郸市政府施政方针的颁布实施看党的早期城市政策［J］. 中共党史研究，1996（4）.

［49］叶皓. 从宣传到传播：新时期宣传工作创新趋势［J］. 现代传播，2009（4）.

［50］周艳芝，康彦新. 简论解放战争时期成功接管石家庄的经验［J］. 党史博采，2003（7）.

［51］赵增延. 建国初期中国共产党的城市经济政策［J］. 当代中国史研究，1999（2）.

［52］李良玉. 建国前后接管城市的政策［J］. 江苏大学学报（社会科学版），2002（3）.

［53］何虎生，黄王莹，毛胜. 解放初期接管大城市经验研究［J］. 北京党史，2005（2）.

［54］蔡双全. 解放战争后期中国共产党的城市政策［J］. 湖北大学学报（哲学社会科学版），2004（1）.

［55］董一冰. 刘少奇建国前夕关于城市工作的理论与实践考析［J］. 毛泽东思想研究，2006（3）.

［56］李文芳. 中共接管城市的成功实践［J］. 北京党史，2000（6）.

［57］窦坤. 北平接管前干部的配备与培训刍议［J］. 北京社会科学，1998（4）.

［58］顾道馨. 传统社会心态与天津区域文化［J］. 理论与现代化，1998（9）.

[59] 毕耕. 中国共产党领导农村宣传工作的历史经验 [J]. 今传媒, 2011 (4).

[60] 樊亚平, 刘静. 舆论宣传·舆论导向·舆论引导——新时期中共新闻舆论思想的历史演进 [J]. 兰州大学学报 (社会科学版), 2011 (4).

[61] 董兴杰, 才华. 中共宣传思想工作机构建设的历史考察——以宣传部系统为例 [J]. 河北师范大学学报 (哲学社会科学版), 2012 (1).

[62] 蔡斐. 中国共产党抗战新闻宣传工作的历史经验 [J]. 中国党政干部论坛, 2018 (7).

四、档案类

[1] 天津市军事管制委员会. 接管工作计划 [A]. 天津: 天津市档案馆, 1949.

[2] 天津市军事管制委员会. 接管对象目录 [A]. 天津: 天津市档案馆, 1949.

[3] 天津市军事管制委员会. 接管指示 [A]. 天津: 天津市档案馆, 1949.

[4] 天津市军事管制委员会. 天津市军事管制委员会通知 [A]. 天津: 天津市档案馆, 1949.

[5] 天津市人民政府. 天津市人民政府市政新闻发布暂行办法 [A]. 天津: 天津市档案馆, 1949.

[6] 天津市人民政府. 天津市人民政府通知 [A]. 天津: 天津市档案馆, 1949.

[7] 天津市人民政府. 关于市政府办公厅成立新闻室的通知 [A].

天津：天津市档案馆，1949.

[8] 天津市人民政府，中央人民政府新闻总署. 凡属作为新闻发表的政府公告及公共性的新闻，提交新华社天津分社统发给津市各公私报社同时刊布（1949.11.23）[A]. 天津：天津市档案馆，1949.

[9] 新华社天津分社. 请转发布各报的宣传消息希交分社发布为盼[A]. 天津：天津市档案馆，1949.

[10] 天津市人民政府. 天津市人民政府市政新闻发布暂行办法（1949.12.6）[A]. 天津：天津市档案馆，1949.

[11] 天津县委宣传部. 县委宣传四十天学习材料 [A]. 天津：天津市档案馆，1949.

[12] 天津县委. 天津县委关于四十天农村工作的决定 [A]. 天津：天津市档案馆，1949.

[13] 中共河北省委宣传部. 关于开展生产救灾、秋收、种麦、秋耕宣传工作的指示 [A]. 天津：天津市档案馆，1949.

[14] 天津地委宣传部. 组织全体干部《无可奈何的供状》《丢掉幻想准备斗争》《别了，司徒雷登》《四评白皮书》四篇社论的学习通知 [A]. 天津：天津市档案馆，1949.

[15] 天津地委宣传部. 天津市地委宣传部关于冬季宣传工作的指示 [A]. 天津：天津市档案馆，1949.

[16] 天津地委宣传部. 地委宣传部官关于目前宣传教育工作指示[A]. 天津：天津市档案馆，1949.

[17] 天津地委宣传部. 关于执行地委宣传部编级问题的通知[A]. 天津：天津市档案馆，1949.

[18] 天津地委宣传部. 关于总结一九四九年下半年宣教工作的通知 [A]. 天津：天津市档案馆，1949.

[19] 天津市内贸党委宣传部. 关于染整厂抗美援朝宣传动员报告 [A]. 天津：天津市档案馆，1950.

[20] 天津市内贸党委宣传部. 被服厂抗美援朝宣教工作与职工思想反映报告 [A]. 天津：天津市档案馆，1950.

[21] 天津市第一区委会. 关于"七一""七七"至"八一"的反美宣传工作的报告 [A]. 天津：天津市档案馆，1950.

[22] 天津市第四区保反宣委会. 天津市第四区保反宣委会抗美援朝宣运总结 [A]. 天津：天津市档案馆，1950.

[23] 天津市保卫世界和平八区委员会. 抗美援朝宣传工作报告 [A]. 天津：天津市档案馆，1950.

[24] 天津市第八区委宣传部. 抗美援朝运动工作综合报告 [A]. 天津：天津市档案馆，1950.

[25] 天津工商界. 毛主席复津工商界简报 [A]. 天津：天津市档案馆，1950.

[26] 天津工商界联合会. 抗美援朝为国示威筹备经过 [A]. 天津：天津市档案馆，1950.

[27] 天津工商界. 部分工商业者表示抗美援朝决心 [A]. 天津：天津市档案馆，1950.

[28] 天津市人民政府新闻出版社. 天津市私营及外文报纸情况综合报告 [A]. 天津：天津市档案馆，1950.

[29] 天津市人民政府新闻出版社. 天津市出版业座谈会总结报告及综合意见 [A]. 天津：天津市档案馆，1950.

[30] 天津市人民政府新闻出版社. 天津市出版业各种情况调查 [A]. 天津：天津市档案馆，1950.

[31] 天津市人民政府新闻出版社. 五〇年协助新年画工作总结 [A].

天津：天津市档案馆，1951.

［32］天津市人民政府新闻出版社. 一九五〇年工作总结［A］. 天津：天津市档案馆，1951.

［33］中共天津市工商党委宣传部. 一九五一年下半年宣教工作综合报告［A］. 天津：天津市档案馆，1951.

［34］中共天津市工商党委宣传部. 工商党委会七月份宣传总结报告［A］. 天津：天津市档案馆，1951.

［35］中共天津市工商党委宣传部. 工商党委宣传部九月份及国庆节宣传工作总结报告和第四季度宣传工作计划［A］. 天津：天津市档案馆，1951.

［36］中共天津县委员会会. 天津县委关于建立镇压反革命办公室的通知［A］. 天津：天津市档案馆，1951.

［37］市团委. 关于中小型学校群众文化工作的意见［A］. 天津：天津市档案馆，1951.

［38］市工会文教部. 一九五二年文教工作计划纲要［A］. 天津：天津市档案馆，1952.

［39］市工会文教部. 一九五二年下半年文教工作计划［A］. 天津：天津市档案馆，1952.

［40］市工会文教部. 一九五二年工会宣传工作总结［A］. 天津：天津市档案馆，1952.

［41］市工会文教部. 一九五二年工厂文艺工作总结［A］. 天津：天津市档案馆，1952.

［42］市工会文教部. 关于建立工会宣传队的指示［A］. 天津：天津市档案馆，1952.

［43］市工会文教部. 建立宣传队的组织条例［A］. 天津：天津市

档案馆，1952.

[44] 中共天津市工商党委宣传部. 工商常委系统关于贯彻政治准备思想领导的决定的执行情况 [A]. 天津：天津市档案馆，1953.

[45] 中共天津市工商党委宣传部. 工商党委会系统党课教育情况综合报告 [A]. 天津：天津市档案馆，1953.

[46] 中共天津市工商党委宣传部. 工商党委宣传部一九五三年及新年工作要点 [A]. 天津：天津市档案馆，1953.

[47] 中共天津市工商党委宣传部. 工商党委春节宣传活动的通知 [A]. 天津：天津市档案馆，1953.

[48] 中共天津市工商党委宣传部. 关于干部学习婚姻法计划 [A]. 天津：天津市档案馆，1953.

[49] 中共天津市工商党委宣传部. 为春节前进行一次镇反宣传由 [A]. 天津：天津市档案馆，1953.

[50] 中共天津市工商党委宣传部. 关于宣传员调动时介绍手续的通知 [A]. 天津：天津市档案馆，1953.

[51] 中共天津市工商党委宣传部. 中共天津市工商党委会贯彻市委"关于加强天津日报工作的决定"的意见 [A]. 天津：天津市档案馆，1953.

[52] 中共天津市工商党委宣传部. 时事政策学习的补充计划 [A]. 天津：天津市档案馆，1953.

[53] 中共天津市工商党委宣传部. 关于展开党史学习的通知 [A]. 天津：天津市档案馆，1953.

[54] 天津市委宣传部. 关于召开党代表大会的宣传提纲 [A]. 天津：天津市档案馆，1953.

[55] 中共天津市工商党委宣传部. "五一"国际劳动节宣传提要

[A]. 天津：天津市档案馆，1953.

[56] 中共天津市内贸委员会宣传部. 贯彻中央关于“切实加强有关群众切身经济生活问题的宣传工作”指示的工作草案 [A]. 天津：天津市档案馆，1953.

[57] 中共天津市内贸委员会宣传部. 党委宣传部与天津人民广播电台联合举办“内贸系统增产节约竞赛特别节目”的通知 [A]. 天津：天津市档案馆，1953.

[58] 中共天津市内贸委员会宣传部. 中共天津市内贸委员会关于展开过渡时期总路线宣传教育工作简要计划（草案）[A]. 天津：天津市档案馆，1953.

[59] 中共天津市内贸委员会宣传部. 总路线宣传教育情况通报（第一号）[A]. 天津：天津市档案馆，1953.

[60] 中共天津市内贸委员会宣传部. 总路线宣传教育情况通报（第二号）[A]. 天津：天津市档案馆，1953.

[61] 中共天津市内贸委员会宣传部. 总路线宣传教育情况通报（第三号）[A]. 天津：天津市档案馆，1953.

[62] 中共天津市内贸委员会宣传部. 关于过渡时期国家总路线的宣传口号 [A]. 天津：天津市档案馆，1953.

[63] 天津市邮电党委宣传部. 一九五四年二月初至三月初宣教工作的一般安排 [A]. 天津：天津市档案馆，1954.

[64] 天津市邮电党委宣传部. 一九五四年下半年“关于加强党的基层组织工作调查研究”的通知 [A]. 天津：天津市档案馆，1954.

[65] 天津市军需党委宣传部. 关于动员群众做好春节期间工农联盟宣传工作的通知 [A]. 天津：天津市档案馆，1954.

[66] 天津市军需党委宣传部. 1954 年国庆节宣传工作计划 [A].

天津：天津市档案馆，1954.

[67] 天津市军需党委宣传部. 进一步加强生产宣传工作的几点意见 [A]. 天津：天津市档案馆，1954.

[68] 棉纺党委宣传部. 关于召开宣传工作会议的通知 [A]. 天津：天津市档案馆，1954.

[69] 天津市内贸党委宣传部. 宣传工作通报（第一、二期）[A]. 天津：天津市档案馆，1955.

[70] 天津市宣传部. 开展全面节约，反对浪费运动的宣传工作指示 [A]. 天津：天津市档案馆，1955.

[71] 天津市宣传部. 粮食统销工作宣传工作通知 [A]. 天津：天津市档案馆，1955.

[72] 青年团天津市华北氧气厂支部. 宣传工作进行情况 [A]. 天津：天津市档案馆，1955.

[73] 青年团天津市重工业局工作支委会. 天津市重工业局工作支委会 1955 年宣传工作计划 [A]. 天津：天津市档案馆，1955.

[74] 青年团天津市重工业局工作支委会. 当前团员青年思想情况和竞赛宣传工作意见 [A]. 天津：天津市档案馆，1955.

[75] 天津市宣传部. 春节前后加强工农联盟工作的通知 [A]. 天津：天津市档案馆，1956.

[76] 天津市纺织工会宣传部. 关于展览会宣传工作意见 [A]. 天津：天津市档案馆，1956.

[77] 天津市商业工会宣传部. 关于先进工作者运动宣传工作的通知 [A]. 天津：天津市档案馆，1956.

[78] 天津市商业工会宣传部. 关于召开基层宣传委员汇报研究当前宣传工作 [A]. 天津：天津市档案馆，1956.

[79] 天津市机械修配厂. 五六年宣传工作总结 [A]. 天津：天津市档案馆，1956.

[80] 团市委. 关于团市委宣传工作 [A]. 天津：天津市档案馆，1956.

五、学位论文类

[1] 李宗建. 建国以来中国共产党宣传思想工作转变研究 [D]. 天津：南开大学，2013.

[2] 邓世平. 湖南农业合作化运动中的宣传动员研究 [D]. 北京：中共中央党校，2018.

[3] 鄢进波. 建国初期上海城市群众工作研究（1949—1956）[D]. 上海：上海大学，2016.

[4] 宋黎明. 中国共产党的政治传播机制研究 [D]. 北京：中共中央党校，2007.

[5] 王金艳. 解放战争时期中国共产党接管城市工作的理论和实践 [D]. 长春：吉林大学，2010.

[6] 梁丽辉. 新旧更迭中的巨变：建国初期天津工人研究（1949—1956）[D]. 天津：南开大学，2015.

[7] 王利民. 晋察冀边区党的新闻宣传研究 [D]. 保定：河北大学，2014.

[8] 刘原. 陕甘宁边区时期中国共产党意识形态建设研究 [D]. 天津：天津师范大学，2020.

[9] 宗政. 抗战时期共产党的基层民众宣传动员工作研究 [D]. 石家庄：河北经贸大学，2019.

后　记

本书终于完稿，到了交付印刷之际，一时百感交集。想要提笔，却发现脑海里皆是学术与理性之外的感触。五年前考博的艰辛还历历在目，三年读博的经历也如西天取经般举步维艰，学业、工作、家庭的高度挤压使这部成果的诞生格外艰苦。但到此刻我感受更多的却是幸运，虽资质愚钝，但前进中有各位师长、好友的相助，终于“吹尽狂沙始到金”，按时毕业，顺利成书，在此向所有帮助我、关心我的人表示诚挚的感谢。

我要感谢天津师范大学马克思主义学院的各位老师。在我读博的三年，他们一丝不苟的治学态度、兢兢业业的敬业精神时刻激励着我今后的教学研究工作。各位老师或博大宽和，或睿智通达，共同营造了马院积极向上的学术氛围，从老师们那里所学的知识、方法以及治学态度，使我终身受益。在我读博的路上，前后两个单位的几任领导给我提供了莫大的帮助。感谢我在津沽学院时的领导孙慧敏主任，她是我学术道路上的引路人，手把手地将我带到了思政教育和马克思主义中国化研究这条路上。感谢金雪飞主任，不管是在此书的选题还是写作中，都给我提供了关键性的指导和莫大的鼓励。我还要感谢天津美院校领导贾广健院长、路波书记、董洪霞副书记、靳风辉副院长、寇疆晖副院长、李凤臣院长、陈莹处长、刘永胜副处长对我的大力帮助，在他们的支持下，我才得以安心投入到书稿写作中。

我要感谢写作过程中鼎力相助的众多好友。感谢好友李墨、马海涛、陈期凡、王培、刘晓佳、魏俊丽、刘拓宇、王锁、郭珉芳等提供的资料，有了这么多好友的助力，我才得以收集整理出大量年代久远的档案资料。感谢师兄刘原老师对我的帮助。感谢天津市档案馆白云、任丽、李颖三位老师的专业和宽容，让我长达一年的档案查阅时光能够忙碌、充实但并不难熬。在所谓的成功因素中，个人的努力只占一小部分，幸得诸位领导、老师、朋友在不同层面的合力支持，我才得以顺利取得阶段性研究成果。

最后，感谢我的家人。先生和女儿都以极大的耐心包容着我写作的忙碌和压力。几年里女儿常常被告知“写作中，勿扰”，她早就掰着手指计算我完稿的日子，大概她比我自己还希望能够早日见到此书出版。感谢我的先生，忙碌的工作之余始终支持着我，军功章里有一半属于他。感谢好友张强、王少赫一家的帮助，书稿写作最艰难的时候，孩子几乎全权托付到好友家，没有他们一家，此书不可能如此顺利完成。前行的路虽然辛苦，幸而家人和朋友始终在我身边，希望之后的日子，我能有更多的时间和精力为家庭、朋友做点什么。

行文至此，书稿虽已完成，仍有很多不足之处，我记得在博一的课堂上，王秀阁教授提问：“读博是为了什么？”我当时的答案是：“想找到以后研究的方向。”时至今日志仍未改，“路漫漫其修远兮”，我将不负初心继续探索。

2022 年底定稿于天津美术学院